Frédéric Verne

Vingt Jours en Tunisie

BOURG, imprimerie du *Courrier de l'Ain*, 18, rue Lalande

VINGT JOURS EN TUNISI

Frédéric Verne

Vingt Jours en Tunisie

BOURG, imprimerie du *Courrier de l'Ain*, 18, rue Lalande

VINGT JOURS EN TUNISIE

I

Mardi 15 mars 1892. — En mer. La houle est assez forte et nous balance impitoyablement. Le ciel est d'une pureté parfaite. Vers midi, nous longeons les côtes de la Sardaigne, abruptes et sèches. Quelques prairies vertes tranchent sur le blanc jaunâtre des pierres ou sur les terrains couleur d'ocre. Des fortifications rappellent la civilisation armée de notre temps. D'énormes rochers émergeant de l'eau, isolés, couverts de rouille, semblent des monstres et font songer aux légendes de Charybde et Scylla. La vision disparaît. Il ne reste plus que le ciel d'un bleu uni, s'éteignant avec la nuit qui vient, et la mer aux franges d'argent énormes qu'on dirait brodées de pierreries scintillantes sous le soleil rouge du soir. Tout s'endort sur *l'Abd-el-Kader*. On n'entend bientôt plus que le battement de l'hélice et les ahans pressés de la vapeur.

II

Mercredi 16 mars. — Trois heures du matin. La mer s'est calmée. Quelques rides seulement s'animent sous la lune. La brise fraîche vient de terre. Un phare à éclipse indique le cap Carthage. De petits nuages floconneux annoncent le jour. Au sud-ouest, une grande et épaisse ligne, d'un blanc rosé sous le soleil levant, signale Tunis. Le bateau jette l'ancre, et le branle-bas bruyant d'un débarquement contraste, brusquement, avec ce calme berceur d'une fin de nuit tranquille, sous les étoiles qui s'en vont.

Je ne sais quelle pensée de vide vous saisit ; on se sent loin de France ; on devine quelque chose de nouveau et d'étrange derrière ces amas de maisons carrées d'un blanc uniforme, et quasi lugubre, à cette première vision, qui ne nous apporte rien encore de notre marque et de notre influence françaises.

L'*Abd-el-Kader* a stoppé à un kilomètre du rivage. La chaloupe, qui fait le service de la rade, commence ses allées et ses venues. Elle nous a apporté un tas de portefaix noirs ou bronzés, très déguenillés, très sales, Maltais, Arabes ou nègres, qui aident au déchargement du navire. Dans son premier retour elle emmène, sous l'œil de nos gendarmes bleus, un chargement de disciplinaires, qui, demain, s'embarqueront pour Gabès et gagneront leur campement dans les oasis du Sud, Gafsa et Feriana. Ma femme et moi partons dans l'avant-dernier convoi. Les mêmes loqueteux que tout à l'heure, plus nombreux et plus divers encore, nous assaillent au débarcadère, nous arrachent nos menus bagages, nous interpellent dans des langues baroques, véritable volapük, où tous les idiomes d'Europe et d'Orient s'entremêlent et se heurtent. La visite de la douane, très brève et conciliante, nous rappellerait nos bureaux des frontières de France, n'étaient les chechias des préposés tunisiens, ou le croissant étoilé du képi des surveillants et agents supérieurs français. A sept heures, nous errons dans la Goulette, attendant le départ du premier train pour Tunis. Et voilà que de ce train, où nous allions mettre le pied, arrivent nos amis : le capitaine Cuinet, un Bressan devenu Tunisien par un séjour de plus de dix ans ; Louis Convert et sa charmante femme, arrivés de Genève il y a quatre jours. Ils seront nos compagnons de voyage pour le reste de la route. Le temps de prendre une tasse de café au Cercle des Officiers, et ils nous enlèvent dans une *caroussa*, vulgaire landau de chez nous, très défraîchie et misérablement attelée d'une rosse arabe vaillante et tenace. En route pour Carthage.

De l'opulente cité Punique, des grandes villes qui se sont succédé sur ses ruines, il ne reste que des vestiges enfouis profondément encore dans le sol, ou soigneusement étiquetés dans le musée des Pères blancs et dans leur jardin, où surgissent, côte à côte, des colonnes, des stèles, des chapiteaux d'ordres et d'époques bien divers, des figures grimaçantes et des dessins au trait sur pierre, fort enfantins et étranges.

Les vieilles citernes ont été restaurées, non au point de vue artistique, mais dans un but éminemment pratique. Elles servent maintenant de réserve pour Tunis et se remplissent de l'eau qu'envoie, de soixante kilomètres, le *Djebel-Zaghouan*.

Le site est demeuré admirable. Le haut cap Carthage domine la mer, limitée au loin, vers l'Est, par les massifs montagneux de la presqu'île du cap Bon. A l'ouest, s'étale encore la mer, avec sa bordure de villas, auprès du palais beylical de la Marsa. Au Sud, miroite le lac de Tunis, couvert d'oiseaux aquatiques ; puis Tunis, Radès, la Goulette se lèvent. Quelques rares palmiers balancent au dessus des champs d'orge leur aigrette un peu terne. Des points blanchissent dans la plaine sous le soleil : maisons ou tombeaux sacrés.

Après Tanit et Moloch, après Diane et Vénus, après le Christ de Tertullien et de Saint-Augustin, le Christ du XIXe siècle vient et coudoie Mahomet.

A côté des marabouts étonnés, le cardinal Lavigerie a planté au sommet de la Marsa une cathédrale immense. L'humble chapelle de Saint-Louis ne sera bientôt elle-même plus qu'un souvenir, absorbée par sa très opulente et grandiose sœur cadette.

Le train nous ramène à Tunis. L'avenue de la Marine, très large, très ensoleillée, ne surprend nullement nos yeux d'Européens. Mais, l'après-midi, quand nous avons franchi la porte de France, pour entrer dans les rues tortueuses du Tunis arabe, l'impression est autre.

Nous suivons les détours d'un véritable labyrinthe pour arriver au *Dar-el Bey*. Là, une fois par semaine, notre haut protégé vient expédier la justice et se montrer à ses sujets.

Oh ! la pauvre et curieuse masure que ce palais délabré ! Quelles merveilleuses arabesques des artistes inconnus et très anciens ont fouillées dans le plâtre de ses plafonds ; de quelles ferrures superbes des maîtres ouvriers ont orné ses portes vermoulues ! mais aussi, quelles lithographies grossières sont pendues aux murs ; quels affreux bouquets en fleurs de papier, s'éteignent et déteignent sous des globes de verre poussiéreux ; quels meubles d'hôtel garni de dernier ordre ! Ces lithographies célèbrent, dans leurs cadres de sapin noircis à dix sous, les grandes batailles du premier empire, ou racontent l'histoire de la monarchie de Juillet. Et elles sont là depuis longtemps comme une première et ancienne prise de possession de l'immeuble beylical. Sur toutes ces choses tristes règne un air de pauvreté sordide. Dans la salle du trône, aux meubles en damas rouge, fané et comme couvert du duvet blanc de la vieillesse, nos dames ne veulent pas s'asseoir. Je ne crois pas que le respect du fauteuil princier ait été pour quelque chose dans leur hésitation tenace. De la terrasse goudronnée et gluante, où l'on arrive par des portes inimaginables, véritables chattières, la vue est merveilleuse. Comme de grands draps blancs étendus au soleil, les maisons de la ville apparaissent. De loin en loin s'arrondissent les coupoles des marabouts et surgissent les minarets élancés et carrés des mosquées mystérieuses, où le Roumi n'a pas pénétré, où son œil même ne peut plus errer. Un redoublement et un raffinement de précautions religieuses viennent clore leurs portes, quand elles s'entrouvrent, et empêchent toute indiscrétion du dehors.

En sortant du palais, nous traversons une salle immense, toute remplie de jeunes Tunisiens. Tour à tour ils défilent devant des personnages graves, barbus et silencieux. C'est l'examen des lettrés. Nos jeunes gens, justifiant d'une connaissance suffisante du Coran, seront dispensés du service militaire, que la loi de 1883 impose à tout sujet valide du bey. Sous l'impulsion et la direction de nos officiers, cette loi commence à ne plus être lettre morte, et elle va chercher les indigènes dans les coins les plus reculés du territoire.

Nous ne voulons pas que la journée s'achève sans aller saluer le représentant de la France. Madame Massicault nous accueille avec la grâce aimable et le sourire avenant que nous lui connaissons. Notre ministre veut bien m'accorder quelques instants d'entretien dont je suis heureux de le remercier ici.

Le soir arrivé, nous prenons congé de nos amis Convert qui logent au grand Hôtel, et, en compagnie du capitaine, nous gagnons notre maison arabe dans la rue *des Juges*, un recoin perdu du quartier arabe. Les rues étroites sont presque désertes ; de rares hurlements de chiens nous saluent ; des passants glissent comme des ombres blanches sous la lumière tremblante du gaz, des cafés maures, entrevus derrière les rideaux sales qui servent de portes, nous envoient la senteur âcre de la fumée du hachich ou l'odeur fade de ces intérieurs malpropres.

III

Jeudi 17 mars. — Le matin, à six heures, nous sommes éveillés par les cris de la rue, rauques et nouveaux à nos oreilles. Vite nous mettons le nez à nos *moucharabiehs* suspendus, comme des ponts, sur la rue étroite. La population arabe grouille déjà. Les enfants avec leurs mines éveillées et étranges, se rendent aux *Zaouïas*. Les femmes lourdement et gauchement empaquetées dans leurs *haïcks*, le bout des pieds dans des babouches, glissent le visage caché sous leurs voiles noirs épais et collants. Au détour de la rue, des chameaux surgissent avec d'énormes chargements de charbon, abrités sous des touffes de lauriers-roses. Les animaux mélancoliques s'en vont à la file, allongeant leurs longs cous, clignant leurs yeux étroits, remuant d'un mouvement automatique leur tête lippue. Les ânes arrivent à leur tour, très petits : les uns, portant en croupe un long et lourd Arabe aux jambes traînantes ; les autres, chargés d'outres en peaux de chèvres goudronnées et poilues, remplies d'eau ou d'huile. Luisantes, elles font songer à de pauvres bêtes noyées et gonflées, qui descendent les rivières le ventre en l'air.

Et les débitants de farines, et les fabricants de beignets graisseux offrent, avec des tons brefs, leurs marchandises aux passants, ou attendent les appels des portes closes. C'est très pittoresque, ce lever, et nous nous amusons fort à tous ces détails d'une vie nouvelle.

Entre temps, nous faisons connaissance avec la maison du capitaine. Elle est très confortable — pour l'été — malgré son air usé et ses portes mal jointes, toutes tapissées de versets protecteurs du Coran. La cour au premier étage est gaie avec son petit carré de ciel bleu. Toutes les chambres de la maison y ouvrent leurs portes à deux battants. La nôtre a un faux air de chapelle, le lit occupant le vaisseau principal, le cabinet de toilette et la bibliothèque formant les bas-côtés. L'escalier, toutefois, manque de symétrie et d'harmonie. Les marches, en briques et en pierres, tantôt très basses, tantôt d'une hauteur démesurée, vous obligent à des exercices inusités, et vous réservent des surprises désagréables. Le rez-de-chaussée sert d'écurie.

Pour aller dans les *souks*, nous faisons le tour extérieur de la ville, du côté de la Casbah, sous la conduite du capitaine Cuinet et du très obligeant commandant Plée. Par là, nous rencontrons une foule de femmes voilées et chargées d'enfants souffreteux et débiles. C'est le grand pèlerinage de Sidi-Abdallah, marabout vénéré, qui a la réputation d'un grand guérisseur. On le comble aujourd'hui de bonnes choses : de poulets vivants, de friandises, de cierges. Un pauvre enfant qui revient, porté par deux femmes, nous fait peine à voir, tant il est hâve et à bout de vie. Je souhaite que l'intervention du saint musulman lui ait été profitable.

Devant toutes ces allées et ces venues, je songe à nos pèlerinages campagnards, aux *ex-voto* pendus par milliers dans nos chapelles, et je suis tenté de reprendre, avec une variante, le mot de l'Usbek de Montesquieu. « Je vois partout le catholicisme, quoique je n'y trouve point Jésus. »

Aux marchés, l'affluence est énorme, le va-et-vient est perpétuel et encombrant. Dans leurs étroites échoppes, les marchands nonchalants attendent le client, les notaires écrivent ou discutent des actes, les industriels divers se livrent à leurs travaux. C'est dans les ouvrages de patience, d'adresse et de goût, chez nous généralement réservés aux femmes, qu'excellent les doigts longs, minces, déliés du Tunisien. Nous avons vu des choses exquises dans des travaux d'ordre inférieur, broderies de vêtements ordinaires ou enjolivures de babouches communes. Tous ces artisans ou artistes n'appellent guère les machines à leur secours. Les tisseurs de soie ou de laine en sont réduits aux antiques métiers, et la main du tourneur fait aller l'arbalète tandis que son pied dirige l'instrument tranchant.

Les négociants qui visent à la clientèle européenne ont des courtiers qui rôdent autour des étrangers. Ils vous invitent à prendre du café maure, apporté dans des espèces de pipes en fer blanc à longs tuyaux. Le mélange épais qu'on vous sert n'est pas trop désagréable, il est brûlant et les tasses sont très petites. Que vous achetiez ou que vous vous absteniez, le marchand tunisien est d'une égalité d'humeur et d'une patience admirables. Il est même fort honnête, si vous n'êtes pas accompagnés d'un guide local, et j'en connais un du *souk de la laine* qui m'a donné le conseil d'acheter à Paris — leur pays d'origine — certains objets orientaux dont je lui demandais les prix.

Toujours à travers des dédales bizarres et des enchevêtrements de rues sans nombre, nous arrivons au quartier Juif. Une maison est en fête. La fille de l'endroit se marie. Le bruit de la musique nous attire, et nous entrons sur une invitation courtoise d'un parent ou du cuisinier, je n'ai pas pu arrêter ma certitude. La cour est jonchée de débris de victuailles, les coquilles d'œufs s'amoncellent. Au fond, dans une chambre très étroite et très longue, en face de la porte d'entrée, la mariée est assise à côté du mari. Elle est toute raide dans ses vêtements brodés d'or d'une richesse inouïe, le pantalon collant et scintillant est semblable aux cuissards des vieilles armures historiées ; la veste ample miroite comme une chasuble à chaque mouvement; le bonnet petit, très pointu brille aussi de l'or dont il est tissé. La jeune femme pâle, grasse, légèrement bouffie, a des cheveux d'un beau noir appliqués sur les tempes. Les yeux de jais, cerclés d'un grand trait sombre qui fait rejoindre les sourcils, ajoutent à l'étrangeté du visage. Elle nous tend à tous très aimablement la main, teinte de henné rougeâtre et surchargée de bagues et de joyaux. Le fiancé lui aussi prend, en passant, nos mains, de ses doigts blancs et effilés. Notre groupe se sépare, Convert et moi prenons place au milieu des musiciens ; Mme Convert et ma femme se mêlent à la suite féminine de la mariée. Et pendant qu'un cierge énorme brûle, planté dans une carafe au large col, placée devant les époux, la musique, violon, tambour de basque et guitare, reprend ses mélopées.

On nous apporte à manger des choses étonnantes. Un grand verre d'une eau-de-vie anisée de datte et de figue, des pâtisseries gluantes de miel et luisantes d'huile. Nous goûtons par politesse et j'en ai encore le frisson. Les invités avalent des œufs. Nous partons après de nouveaux saluts silencieux et des pourboires qu'empochent le cuisinier et les musiciens.

Le déjeuner fini, nous prenons le chemin de fer de la compagnie Rubattino, et descendons à la Marsa, où une calèche princière nous attend. Elle est bien un peu vieille et étroite : nous nous y entassons et sommes conduits par l'officier tunisien, qui nous sert en même temps de valet de pied, au palais de Taïeb-Bey, l'héritier présomptif de la couronne beylicale. Si-Taïeb est absent ; sa femme, sa fille et sa petite-fille, prévenues, attendent nos compagnes de voyage, qui montent aux appartements réservés. Nous errons, pendant cette visite, dans les jardins et les salons. Toujours pauvres jardins, pauvres palais ! Que d'enluminures de pacotille, que de clinquant de mauvais goût. Au jardin, deux tristes volières, avec des oiseaux du pays, souffreteux et déplumés. Dans les salons, des chromolithographies représentant les fondateurs de la République ou les héros du Tonkin, et, tout à côté, une immense réclame coloriée des « Grands magasins du Printemps, société en commandite, etc., etc. » La visite se prolonge. Pour tromper notre mélancolique attente, nous visitons les écuries, les étables, les remises, tout cela pauvre, maigre, à l'air minable. Un bon fermier de chez nous ne voudrait certes pas semblables installations et pareils équipages. Enfin, voici nos dames, enchantées de leur entrevue : elles ont été reçues avec beaucoup de bonne grâce. Le café qu'on leur a servi aurait été excellent sans un certain parfum outré d'essence de roses.

La princesse Taïeb, déjà vieille, avait pour interprète son fils, jeune homme, que la vie de Paris a usé avant le temps. La conversation a été animée ; l'hôtesse a étalé ses bijoux, ses soieries, ses broderies. Les visiteuses se sont assises sur le canapé d'honneur, la housse même en a été enlevée, et, comme la princesse est très polie, elle a, de son mouchoir, prestement épousseté le velours peu entretenu du siège. Le mouchoir est un meuble que l'on voit pendu aux côtés de tout bon Tunisien. Il le fait servir à une foule d'usages, hormis peut-être à celui que nous connaissons ; la paume de la main lui suffit. Je ne vais pas dire cela pour la princesse. Elle prise, et si ses doigts sont teints, c'est de henné.

En reprenant le chemin de la gare, nous jetons un coup d'œil sur la maison de campagne d'un riche propriétaire tunisien. C'est la même chose, ce sont les mêmes meubles tirés d'un magasin de bric à brac, c'est le même manque absolu de goût. Mais là, il y a, ouvrant sur la mer, une fenêtre qui sert de cadre à un merveilleux paysage. Comme on doit être bien, dans ce coin, par les jours d'été, quand on sent la brise marine vous caresser le visage et qu'on s'endort au bruit des vagues qui font sonner les cailloux de la grève voisine.

En une heure, le train nous ramène à Tunis, par sa voie bordée d'eucalyptus et de mimosas jaunes. Nous dinons et passons très agréablement la soirée dans un coin de France, chez notre avenant compatriote, M. Michaud et sa charmante et très aimable femme. Chargé de la direction de tous les travaux publics de la Régence, il nous raconte, avec beaucoup de netteté et de simplicité, ce *qu'on* a fait ici, à ce point de vue. Je dis, moi, ce *qu'il* a fait. Des routes tracées, des eaux amenées, des édifices construits, des ports aménagés ou creusés, et surtout cette admirable rade de Bizerte qui s'achève et qui sera le joyau de notre occupation. Depuis dix ans, quelle activité prodigieuse a secoué ce vieux sol endormi, et que sera-ce dans dix ans, sous l'impulsion énergique et intelligente des nôtres !

IV

Vendredi, 18 mars. — Au lever, la même animation dans les rues de la ville arabe. C'est jour de prière ; les marabouts, les mosquées sont ouverts. Les musulmans s'y rendent et les visites continueront tout le long du jour. J'éprouve je ne sais quel trouble vague et intime, quand je passe devant ces petites constructions carrées, aux portes bariolées de vert et de rouge, à la coupole ronde surmontée, en guise de girouette, du croissant de l'Islam. C'est l'inconnu religieux et mystérieux qui m'accable, c'est le respect des croyances sincères qui m'étreint.

J'ai gardé, ce jour-là, le souvenir très net d'une petite mosquée perdue dans un faubourg reculé, près de la gare du Bône-Guelma. Mon portefaix, un Tunisien du sud, courait, portant mes lourds bagages, dont le poids entier pesait sur sa tête. Dans ce coin retiré, l'édifice pieux, se croyant à l'abri du regard des *Roumis*, laissait ses portes largement ouvertes. J'y jetai un œil indiscret. Je vis, dans une obscurité douce, une petite enceinte blanche, des piliers très blancs, des ombres très blanches qui s'agenouillaient. Cette vision n'était rien, et pourtant l'impression que je ressentis m'est demeurée vivace. Les *Souks* sont très animés, malgré la sainteté du jour. Nous allons, avec le fidèle Bel-Kassem, le spahi du capitaine, faire nos emplettes obligatoires, quelques tentures, des tambours, des bibelots sans valeur. Nous goûtons à l'inévitable café.

Le reste de notre journée se passe à nos préparatifs de départ. Après un plantureux dîner que nous offre Louis Convert à son hôtel, nous gagnons notre logis, en tramway, par le *Souk des Forgerons*, éteint et muet.

V

Samedi, 19 mars. — A six heures du matin, nous montons en wagon. A Hammam-Lif, à 15 kilomètres de Tunis, notre voiture nous attend, arrivée depuis la veille. Nos deux couples y prennent place. M. Debrit, un nouveau compagnon, qui nous vient de Lyon, et le capitaine Cuinet nous escortent à cheval. La route est belle et bien entretenue.

Les collines sont proches, vers la droite, rocailleuses, couvertes d'une courte broussaille, ressemblant aux coteaux pierreux de notre Revermont ; à gauche, la mer s'éloigne à mesure que nous avançons.

A Crombalia, nous nous arrêtons pour un premier déjeuner, dans une auberge voûtée, où des colons boivent de l'absinthe. L'omelette, qui sera désormais le plat de fond de tous nos repas, fait son apparition, mais mal cuite et assaisonnée d'herbages inattendus. Nous repartons seuls, le cheval du capitaine est déferré, et ce n'est pas mince affaire que de trouver le maréchal. Notre cocher, Juif, a un peu trop goûté le vin du clos Potin, que nous venons de traverser. Il a des alternatives de somnolence et de gaîté outrée qui nous inquiètent. Il est sous l'empire de celle ci, quand, à deux kilomètres de Bir-Loubit, où doit se faire la grande halte, sur un pont très étroit, nos chevaux se révoltent sous les coups de fouet, notre voiture danse et la roue de devant casse. Nous barrons la route. Immédiatement nous suit une carriole, chargée de huit Arabes, qui s'y tiennent par des prodiges d'équilibre. Ils s'arrêtent aussi. Pas un ne bougera pour nous venir en aide, et, partant, hâter leur délivrance. C'est un des plus beaux cas de l'apathie fataliste des Orientaux qu'il nous ait été donné de voir. Au bout d'une heure, la voiture est dégagée, elle se traîne sur trois roues. Nous suivons à pied, et le chargement d'Arabes peut reprendre sa route.

Atteints par le reste de notre caravane, nous délibérons. Un cavalier emporte des télégrammes à Hammamet, à sept kilomètres : ils signalent notre détresse. Après un rapide déjeuner, le capitaine part sur un cheval frais pour Enfidaville, d'où il espère tirer secours. Nous attendrons les événements. Mais, vers quatre heures, il faut songer au dîner du soir. Debry et Convert vont à la chasse. J'accompagne nos dames au bord de la mer qu'on voit à un kilomètre. Le ciel est beau. Le soleil décline, éclairant le golfe charmant où se mirent, dans le bleu, les blanches murailles d'Hammamet. Les vagues, légèrement moutonneuses, viennent imbiber le sable cristallin, où nos pieds s'enfoncent. La rive est couverte de petits coquillages et de fucus qu'on prendrait pour des boules de feutre.

Le spectacle est calme et reposant ; il fait oublier les ennuis de tout à l'heure. Nos chasseurs reviennent avec une chouette que nous abandonnons et trois alouettes que nous plumons en marchant. Le rôti, pour cinq, sera maigre et nous songeons, au milieu des cactus qui bordent la route, qu'un nouveau miracle de multiplication des pains, dans ce milieu oriental, ne serait pas trop mal accueilli par nos estomacs qui se creusent. Le gibier plumé, il faut le vider, et nous voilà en train de faire l'opération, auprès du *Bir*, à l'eau douteuse, qui a donné son nom au caravansérail. Le tableau aurait mérité d'être croqué. Des nomades pasteurs, campés dans les environs, nous entourent étonnés. Les femmes, presque noires, le visage et les mains tatoués de dessins bleus étranges, se demandent, avec de grands éclats de voix, ce que nous faisons. Elles nous interpellent en riant ; nous demeurons muets, et pour cause. Le *Fondouk*, en face, se remplit de brebis bêlant, d'ânes brayant, de chameaux silencieux, de chiens aboyant, d'Arabes gesticulant et criant. Tout ça va passer la nuit dans la grande cour carrée bordée d'une sorte de portique.

On nous a donné les deux chambres d'honneur, au-dessus de la porte d'entrée et du large corridor qui aboutit à la cour intérieure. Le spahi Ahmed, que Cuinet nous a laissé comme interprète, allume un feu de charbon de bois, plutôt bois que charbon, qui flambe haut et clair. Le potage au Liebig se chauffe, les pauvres petites alouettes rissolent, la boîte de foie gras s'ouvre et nous voilà enfin à table, éclairés par deux chandelles fichées dans des candélabres en fer blanc.

Ahmed apparaît grave et rayonnant, comme chargé d'une mission importante et agréable. Il nous annonce que le Khalifah d'Hammamet, prévenu, nous a envoyé, à dos d'âne, une *diffa* suffisante. Son fils et un domestique l'accompagnent. Et la *diffa* fait son entrée solennelle au bruit de nos applaudissements. Successivement, les Arabes enlèvent le chapeau de paille pointu qui coiffe le traditionnel *kouss-kouss*; le couvercle qui abrite des poissons frits; la natte qui préserve les couffins remplis de friandises arabes : gâteaux inconnus, aux formes et à l'aspect étranges, oranges énormes, dattes appétissantes. La farine du *kouss-kouss*, roulée en très petites boulettes, est un peu sèche, le mouton qui couronne le plat est trop pimenté pour nos gosiers novices. Le poisson serait excellent si les neuf kilomètres qu'il vient de parcourir ne l'avaient par trop refroidi. J'ose seul aborder les pâtisseries, j'y mets timidement les dents, je les retire avec empressement. Impossible de dire ce chaos de goûts et d'odeurs : huile, sucre, miel, fromage, épices, tout cela se heurte ; l'apprentissage pour les priser sera long. Notre suite, Ahmed, puis la suite de sa suite, jusqu'au dernier des loqueteux qui se sont abrités au Fondouk pour la nuit, se passent les restes et les restes des restes, jusqu'à ce que le fond de l'écuelle de bois soit devenu d'une propreté suffisante pour qu'on n'ait pas besoin de recourir à l'eau. Tout ce monde se régale en notre honneur, et les messagers repartent avec leur âne. A neuf heures, pas de nouvelles du capitaine. Pour tromper l'attente, nous essayons d'organiser un baccarat, avec des coquillages pour jetons. Mais nous tombons de fatigue et bien vite nous organisons le campement. La première pièce sera réservée au célibataire Debry ; il occupera une des planches qui servent de lit, l'autre sera pour les bagages. La deuxième pièce attendra les gens mariés. Le couple Convert s'installe sur le lit de camp de gauche, le couple Verne sur le lit de droite. Nous avons pour sommier, des planches ; pour matelas, deux centimètres de varech ; pour couvertures, nos plaids de voyage. Des nattes nous isolent du mur. Elles servent de retraites à l'ennemi qui attend l'extinction des feux pour commencer ses charges et ses attaques. Quelle nuit ! C'est inénarrable. Des légions de puces nous assaillent, piquant, mordant, suçant, et invisibles et inattaquables et imprenables. Vers une heure du matin, Convert annonce avec une voix de fanfare triomphante qu'il a fait main-basse sur des ravageuses, et vite les chandelles s'allument pour nous permettre de contempler le trophée. C'était une fausse victoire. Nous recommençons la bataille, au milieu du bruit des gens et des bêtes qui passent au-dessous de nous. Jusqu'à une heure, on entre au Fondouk ; à partir d'une heure, on en sort. Et les appellations rauques, et les injures qui se croisent, et les cris des animaux, et les coups de bâton, et les glapissements des douars voisins, tout ça n'est pas pour faire oublier la dureté de la couche. Une lettre de Cuinet, reçue à minuit, nous annonce notre délivrance au jour. Nous attendons sur nos grabats le lever du soleil.

VI

Dimanche, 20 mars. — A quatre heures du matin, le secours nous arrive de deux côtés. D'Enfidaville, Cuinet nous envoie deux *arabas*, hautes voitures à deux roues sans ressorts ; de Tunis, on nous a expédié un landau en bon état. Vite, nous chargeons nos bagages sur les premières et montons dans le second, qui part au grand trot de nos quatre petits chevaux maigrelets, sans apparence de résistance et de vitalité. Leur allure se modère tôt. A la route beylicale succède une piste dans la lande : chemin capricieux, tracé par les caravanes qui passent, traversant les *oueds* sans pont, suivant toutes les déclivités du sol. La route serait triste sans les innombrables petites alouettes huppées, qui s'enlèvent de tous côtés, au bruit de notre voiture, et vont jetant leur gaie chanson dans le ciel clair. L'herbe que nous foulons est courte, la broussaille chétive. Au loin, quelques toits rouges, fermes de la grande Compagnie de l'Enfida, dont le nom s'attache si étroitement à notre occupation, donnent une tonalité plus chaude au paysage terne et gris malgré le soleil. Des caravanes de nomades ; des chameaux sales, passés au goudron pour remédier à des maladies de peau ; des ânes surchargés, marchant la tête basse sous l'effort, l'animent par intervalles. Bou-Ficha, ancien fortin, passe à notre droite ; il est habité aujourd'hui par des agents de la Société.

Nous roulons pendant cinq heures, rencontrant de loin en loin quelques ruines romaines, débris d'aqueducs ou de sanctuaires. La vigne s'étend sur d'immenses hectares : Enfidaville est proche ; nous y touchons par l'amorce d'une route nouvelle. Le déjeuner est tout prêt ; il nous repose.

C'est dimanche et marché. Sur l'unique place, très grande et bordée de chétives baraques, demeures d'Italiens et de Maltais, les marchands arabes ont étalé leurs produits : dattes dures et poussiéreuses, piment rouge séché, citrons doux et fades, oranges farineuses, cotonnades bleues, chemises à carreaux, chaussures rapiécées, et, plus loin, chèvres, chevreaux, ânes petits et misérables. Les indigènes, dans leurs loques blanchâtres, sont étendus au soleil, attendant l'acheteur, ou débattent vivement le marché avec des cris et des gestes. Et, paisible au milieu de ce bruit, on voit, à droite, un vieux chameau tourner sur une petite éminence d'un mouvement très lent et continu. C'est le distributeur d'eau du village.

Les caves, les chais, les bâtiments à vinification de la Compagnie sont curieux à visiter. Les foudres énormes attestent l'importance des récoltes qui vont de jour en jour en augmentant.

Le vin de l'Enfida s'envoie partout en Tunisie. L'application du nouveau régime douanier lui ouvre les portes de la France. Mais il est cher. L'hectolitre se paye de 30 à 40 francs à l'Enfida et les charrois sont longs, les transports coûteux.

La route qui mène à Sousse, le port d'embarquement, est belle et bien entretenue sur ses cinquante kilomètres. Elle suit la *Sebka-Djiriba*, lagune vaste, séparée de la mer par une étroite bande de terre où se trouvent les blanches maisons d'Hergla. Le paysage reste le même. Le sol gris, caillouteux, est inculte. Quelques rares champs d'orge apportent un peu de verdure. Mais, depuis trois semaines, il n'a pas plu et la pauvre plante se dessèche. Semées sans soin, presque sans labours, toujours sans fumure, les céréales poussent à la grâce de Dieu, tout encombrées d'énormes touffes d'ajoncs épineux ou de thapsia. Tels ils étaient avant les semailles, tels ces parasites continueront à grandir. L'Arabe les rencontrant a détourné sa charrue ; les arracher aurait augmenté sa peine et l'immensité semble être à lui. A Sidi-Bou-Ali, la végétation s'accuse, les cactus énormes servent de clôtures avec leurs aiguilles affinées et pénétrantes, les figuiers montrent le vert brillant de leurs feuilles, les oliviers gris et tristes se multiplient. Ils sont presque forêt, quand nous atteignons Hammam-Sousse.

La nuit tombe, le cimetière arabe qui borde la route, sans clôture, sans séparation, apparaît bizarre dans la pénombre. Les tombes, très blanches, espacées, si petites qu'on les croirait couvrir des corps d'enfants, marquent de points lumineux le gazon sombre ou la terre brune qu'elles parsèment. La ville paraît petite, le cimetière immense. Et tout au loin le phare de Sousse scintille dans la nuit qui tombe.

Nous quittons la grande route pour prendre un sentier raboteux et cahotant. Une grande masse se dresse devant nous: ce sont les remparts de Sousse. La *Casbah*, avec son phare, est là, en haut de la ville, par où nous arrivons. La porte tortueuse et étroite ne laisse pas entrer notre voiture ; nous devons mettre pied à terre, et, à deux pas, nous trouvons l'hôtel de Paris, où des chambres très suffisantes nous attendent et où des repas excellents sont préparés. Le capitaine Auber, du service des renseignements, dîne avec nous ; je retrouve, là aussi, mon camarade de lycée, Savignard, lieutenant au 4ᵉ régiment de tirailleurs. Avec eux, après dîner, nous descendons au bord de la mer. Les rues sont étroites, mal éclairées et s'enchevêtrent les unes dans les autres. C'est soir de courses, elles présentent une certaine animation.

En bas, sur la place de la Marine, devant le Cercle des officiers, la musique du 4ᵉ joue des danses. Mais ce bal public est peu fréquenté et les turcos sautent ensemble. Le ciel s'est voilé, l'atmosphère est humide, la blanche lumière du phare tournant trace, dans la nuit, de grandes raies éclairées, presque tangibles.

Quand nous remontons par le même dédale de rues, vers dix heures, nous rencontrons d'élégants Européens qui vont à un bal par souscription. La fête continue ; les cafés maures, plus bruyants que de coutume, sont remplis de nos soldats indigènes. Nous retrouvons, enfin, avec bien du plaisir, des lits civilisés.

VII

Lundi, 21 mars. — Le soleil se montre, le matin, au milieu de gros nuages blancs. Pendant que nos dames sont à leur toilette et que nos amis, un peu las, se lèvent, je vais, avec Savignard, visiter le camp des tirailleurs, en pleine campagne, à cinq minutes des remparts. Nous nous retrouvons tous à la *Casbah*, d'où la vue est superbe. Devant nous, à nos pieds, en gradins comme des escaliers gigantesques, les terrasses de la ville, d'un blanc aveuglant sous le soleil déjà haut ; plus loin, la mer, très bleue et légèrement frissonnante ; à droite, au milieu du vert-de-gris des forêts d'oliviers, de grands toits rouges qui abritent d'importantes huileries, et, presque à l'horizon, sur une corne, dans la mer, la bande blanchissante de Monastir. A l'intérieur de la *Casbah*, dans la salle d'honneur du régiment, de superbes mosaïques attestent la richesse de l'antique Hadrumète. Et, dans les environs, le sol est plein de ces vestiges d'un luxe intelligent et artistique, que, peu à peu, on remet au jour, s'ils ont résisté au temps et aux propagateurs du Coran.

Avant de déjeuner, nous allons errer dans les rues de la ville, qui a conservé tout entier son caractère arabe. Les constructions européennes sont rares et ramassées autour du port. Des ombres toutes noires nous effleurent ; ce sont des femmes qui vont à leurs affaires. Elles sont plus singulièrement empaquetées qu'à Tunis. Là, le blanc de leur accoutrement jetait une note un peu gaie ; ici, ces grandes taches noires mouvantes sont lugubres. On n'ose soupçonner la beauté, derrière ces gaines tristes, et, de fait, les yeux qui nous dévisagent curieusement paraissent étirés, ridés, éteints, sans aspect de jeunesse. Les autres se cachent-ils mieux encore ?

L'après-midi, notre voiture nous emmène au champ de course, à vingt minutes de la ville, sur le plateau, par des chemins poussiéreux et pleins de cahots. L'animation y est grande déjà. Tout ce qu'il y a d'Européens dans les environs s'est donné rendez-vous dans les tribunes. Au pesage, des Arabes, en grand nombre, viennent se faire inscrire pour les courses ou pour la fantasia qui suivra.

Au coup de cloche, un premier peloton de quinze cavaliers indigènes s'élance, au galop pressé de leurs chevaux sveltes et nerveux. On croirait entendre un roulement de tonnerre. Ils disparaissent dans des tourbillons de poussière, et, au bout d'une minute et demie, on les revoit, ayant accompli leur trajet de 1,500 mètres, avec une vitesse de train rapide. Un autre peloton succède au premier, puis d'autres, jusqu'à huit. Un des cavaliers m'intéresse. Déjà vieux, la barbe grise, les traits durs, il a garni son cheval et lui-même de petites amulettes de cuir. Il attend certainement la victoire d'Allah. Je le suis ; il s'aide pour que le Ciel lui vienne en aide, et frappe à coups redoublés sur sa bête. Haletants, oppressés l'un et l'autre, ils n'arrivent qu'au second rang. Un dernier peloton comprend les vainqueurs de toutes ces courses distinctes. C'est un jeune homme qui l'emporte avec un cheval bai-brun. Pour toutes brides, il n'a eu qu'une ficelle, mais il n'a cessé de tenir les étriers coupants aux flancs de son cheval. Les prix distribués, il est tard déjà quand la fantasia commence. Elle est écourtée. Quel merveilleux tourbillon de chevaux qui galopent, de gens debout sur leurs étriers, debout sur leurs montures, ou, comme l'un d'eux, la tête en bas sur la selle, les jambes raidies, les bras croisés. Les cris s'élèvent, les coups de feu se répondent, les tapis d'étoffes voyantes et brillantes flottent sur les croupes, les harnachements d'argent scintillent au soleil couchant. Et l'on voit se dérouler le simulacre d'un mariage arabe. Un chameau s'avance, solennel et grave, sous les oripeaux qui le couvrent. Il porte un mannequin très pointu, voilé de couleurs éclatantes, constellé de petits miroirs ronds. Là, se cache la mariée, accompagnée d'une *nouba* monotone, de femmes qui poussent des *youyous* joyeux, mais lamentables à nos oreilles, d'hommes déchargeant leurs fusils, dans la mêlée. Le retour est pittoresque ; il ne ressemble guère à un défilé après le grand prix. Des carrioles à deux roues, attelées d'un mulet ou d'un cheval étique, passent surchargées d'indigènes civils ou militaires. Le cocher tape à tour de bras sur la malheureuse bête, ses clients hurlent, et tout cela, heurté, secoué, envahi par la poussière, semblant toujours prêt à tomber, s'emporte dans un galop infernal. Des ânes minuscules, la tête basse, portent sur leur dos et leur croupe des familles entières. Les gens plus pauvres, qui ne peuvent s'offrir pareil luxe d'équipage ou de monture, courent au milieu de ce brouhaha. Il est presque nuit quand nous traversons la grande porte du rempart. Les cafés maures se remplissent. Devant un marabout très vénéré, à côté de notre hôtel, des lampes en terre vernissée, de forme bizarre, brûlent, encrassées, leur huile fétide. Le phare s'allume, et, comme hier, va rayer l'obscurité de ses traînées faites de poussière lumineuse et humide. Nos dames, cependant, ont le temps d'aller visiter l'église catholique, perdue dans des ruelles impossibles. Un prêtre y prêche en langue maltaise, avec de grands gestes et des flots de paroles. Les femmes, ses compatriotes, qui l'écoutent, sont bizarrement coiffées. Une espèce de pèlerine froncée, en soie noire, leur couvre la tête et retombe longuement, d'un côté, sur une épaule. Nous passons un instant au Cercle militaire, et le petit Decauville nous remonte à la *Casbah* par l'extérieur des remparts, au grand trot des chevaux du train. C'est notre dernière soirée à Sousse ; nous remercions les officiers, nos commensaux, de leur cordial accueil. Demain, nous partons pour Kairouan.

VIII

Mardi, 22 mars. — La pluie que nous faisaient craindre les nuages d'hier et les raies poussiéreuses de la lumière du phare, tombe fine et pénétrante. A sept heures, nous nous entassons dans la petite voiture étroite et basse du chemin de fer Decauville, qui va à Kairouan. Nous sommes au complet. Il fait presque froid ; le vent fait claquer les rideaux déroulés pour servir d'abri contre la pluie oblique. Nos chevaux sont chétifs et poussifs. Ils vont grand train à travers le pays assez accidenté qu'on traverse. Toujours au galop, le véhicule, maintenu à droite par des travaux d'art des plus primitifs, passe les oueds, monte et descend les coteaux. Après deux relais, à l'*Oued-Laya*, à *Sidi-el-Hani*, hameau arabe gardé par un poste de cinq tirailleurs, Kairouan est en vue, tout blanc, avec de hautes murailles surgissant tout à coup au-dessus de la lande inculte. Point d'arbres, rien que la terre jaune avec quelques taches d'une herbe jaunâtre ou d'une orge clairsemée que la sécheresse a jaunie aussi. La vue est triste. En avant de Kairouan, des cactus en fourrés apparaissent, des buttes s'arrondissent dans la plaine, buttes faites des poussières, des détritus et des immondices séculaires de la ville. A gauche de la gare, s'étend le camp des tirailleurs, avec ses toits rouges et ses maisons basses ; à droite, hors des portes, nous trouvons notre hôtel, maison arabe qu'on a essayé d'européaniser. De grands rideaux bleus arrêtent le soleil et jettent une grande obscurité dans le *patio* qui sert de salle à manger. Mais, malgré l'ombre, les mouches, par milliers, bourdonnent à nos oreilles et nous assaillent. Le déjeuner, que le goût méridional de l'hôtelier a égayé de parfums d'ail répétés, est prestement enlevé et nous nous mettons en route pour faire une première visite à cette ville étrange. Par la grande porte oblique qui avoisine l'hôtel, nous entrons. Un pieux tombeau sert de sentinelle ; la porte ouverte nous laisse voir un cercueil en bois vert et rouge ; au-dessus, flottent deux ou trois drapeaux d'étoffes et de couleurs diverses. A l'intérieur, étendu en travers de la porte, un loqueteux, d'un blanc sale, à l'œil atone, égrène interminablement un chapelet. « *Maboul* », nous dit, en le désignant, un enfant qui passe. Aujourd'hui gardien du marabout, l'idiot, à sa mort, deviendra très saint et fera des miracles.

Nous passons par les *Souks*, curieux, mais moins animés qu'à Tunis. Le commandant, fort obligeant, du bataillon de tirailleurs nous fait visiter le *Dar-el-Bey*, son logis. Les faïences qui le tapissent sont assez belles ; les plafonds de plâtre ont des arabesques curieusement fouillées ; le *patio*, à ciel ouvert, est vaste et élégant.

Nous faisons visite au gouverneur tunisien, très

obséquieux, et à son khalifah. Les voyageuses vont saluer leurs femmes, et nous les attendons dans des salons toujours bizarrement et misérablement meublés. Nos hôtes nous offrent des sirops douteux dans des verres d'une propreté plus douteuse encore et nous font avaler des morceaux de pâte de coing, parfumée à la rose.

Chez le khalifah, cependant, nous trouvons des choses moins banales. Les bijoux anciens qu'il nous étale complaisamment sont riches, curieux, originaux ; un fusil arabe, élégamment ciselé en argent, vient de Saint-Etienne. C'est un cadeau de Louis-Philippe à son aïeul.

Au cercle des officiers, nous trouvons enfin de longues nouvelles de France. Il y neige, parait-il, il y gèle ; nous bénissons nos 20° de chaleur, revenus avec le soleil, après la pluie fugitive du matin.

IX

Mercredi 23 mars. — De bonne heure, nous sommes sur pied. Nous avons à courir la ville et à voir les édifices religieux, les seuls de la Tunisie où l'on puisse pénétrer, grâce à la profanation de 1881, qui fit de la grande mosquée un hôpital pour nos troupes. C'est dans ce sanctuaire, très vénéré du monde musulman, que nous conduit d'abord le vieil algérien Hassin, fort dévot en apparence et qui sait la légende de tous les coins de la ville.

La porte franchie, nous sommes dans une très grande cour carrée, bordée, comme dans nos couvents du moyen âge, d'un cloître à innombrables colonnes, romaines ou byzantines.

A l'est, la mosquée sombre ouvre son immense quadrilatère où, véritable forêt, se pressent alignées des colonnes de marbre, de pierre, de porphyre, aux chapiteaux divers et jetés, au hasard, sur des fûts qui ne leur étaient pas destinés.

Nous restons chaussés, mais les serviteurs de la mosquée relèvent les nattes, qu'ainsi ne souilleront pas nos souliers d'infidèles. Bientôt, nous nous sentons livrés aux aiguillons de ces insectes que nous avons tant de fois rencontrés et qui, bien décidément, font partie de la civilisation arabe.

Au fond, du côté opposé à l'entrée, après avoir passé entre deux groupes d'admirables colonnes jumelles de porphyre et de serpentine, on arrive à l'endroit le plus saint de la mosquée, celui qui fut indiqué à Okhbar par l'Ange de Dieu. A côté, s'élève une chaire curieuse, très ancienne. Les panneaux, en bois de cèdre, fouillés par des artistes arabes, ne manquent ni de goût, ni d'élégance. Dans une espèce de sacristie poussiéreuse et sale, un gardien nous montre des dépouilles opimes, autrefois conquises sur les *Roumis* : une cotte de mailles et trois ou quatre casques de fer. L'un pourrait bien remon-

'ter au xiv⁰ siècle, les autres ont sans doute coiffé des soldats de Charles-Quint.

Sous des lustres à veilleuses de verre, accrochés au plafond, nous traversons de nouveau l'édifice au sol inégal, aplani de loin en loin par des carrelages de briques, qui semblent des taches. La brique était chère dans ce désert, choisi par Okhbar, et celle que nous foulons, provient, nous dit Hassin, des dons joyeux de nouveaux époux, ou des legs pieux de croyants fidèles.

En face de la porte, de l'autre côté de la cour, se dresse le minaret, carré, mince et élevé. A droite et à gauche, des margelles de marbre antique, où la corde a creusé de profonds sillons, marquent des citernes inutilisées aujourd'hui. Fondées et entretenues par des donations religieuses, elles alimentaient autrefois, en partie, la ville desséchée et altérée. L'escalier, qui conduit au sommet du minaret, est, comme tout le reste de l'édifice, construit avec des matériaux de l'occupation romaine. Des épitaphes latines sont très nettement lisibles. Sur une marche se voit gravé au trait « le poisson » emblème du christianisme.

En haut, la vue s'étend au loin sur la ville, sur les édifices sans nombre qu'elle renferme, sur les coupoles des mosquées aux Sept-Sabres et du Barbier, sur la campagne aride que verdissent quelques carrés cultivés. Des points blancs et bleus s'agitent dans la plaine : ce sont nos tirailleurs qui reviennent de leurs exercices. Tout autour des remparts, au dehors, sur un large rayon, et, quand le terrain le permet, à l'ombre même des mosquées, les carrés très blancs des tombes innombrables tranchent sur le sol sablonneux.

Le muezzin nous accompagne jusqu'à la porte et accepte de fort bonne grâce la grosse pièce d'argent que lui glissent les infidèles.

Remontés en voiture, nous arrivons au bassin des Aghlabites, antique excavation circulaire que nos ingénieurs ont réparée et rendue à sa destination première. Dans ses 186 mètres de diamètre et ses 6 mètres de profondeur, elle emmagasine le trop plein des sources du *Djebel-Cherichera*, qui maintenant alimentent Kairouan d'une eau limpide et abondante.

En longeant des collines de terreau, nous atteignons la mosquée où repose un ami du Barbier de Mahomet. Dans la tombe, il a emporté, sous sa langue et sous ses deux paupières, trois poils de la barbe du prophète, don inestimable de son ami. Une sorte de cloître, à revêtement de faïences italiennes, à sculptures du plus pur Louis XV, mêlées aux ifs caractéristiques de l'art arabe, précède la chambre mortuaire. Dans ce *patio*, sous des dalles de faïence, assemblées sans méthode et sans goût, de riches et nobles familles sont enterrées. Rien ne marque leur repos, que les souvenirs incertains des gardiens. De grands drapeaux de soie, de laine, de soie tissée d'or ou d'argent abritent le cénotaphe du saint, vaste caisson vert et rouge recouvert d'étoffes et de tapis. Ce sont des offrandes de pèlerins, ou des *ex-voto* de gens riches exaucés. Les pauvres affirment leur reconnaissance en attachant, aux barreaux des grilles, des fils multicolores arrachés à leurs vêtements. Des inscriptions, en langue arabe, sont suspendues aux murs dans des cadres dorés. A chaque coin se voient des lampadaires destinés à recevoir les cierges des fidèles. Les livres pieux sont entassés vers le chef du marabout ; pour les ouvrir, il faut une main consacrée et notre guide s'excuse de ne pouvoir le faire « faute d'une toilette suffisante ».

Le luxe dont on a cherché à entourer le cercueil vénéré est de bien mauvais goût. Il sent le rance et le fané, comme toutes ces choses clinquantes que nous voyons dans ce pays usé et fatigué de son immobilité sacrée.

A la mosquée est annexée une *Zaouïa* importante, sorte de grand séminaire où l'on vient de très loin. Dans leur cloître-patio, les élèves, grands ou petits, ânonnent des morceaux du Coran, avec des modulations étranges. Leur science s'accroît, en raison directe du nombre de versets enfouis dans leur mémoire. Un grand vieillard maigre, à la peau mate, à la barbe toute blanche, traverse la cour égrenant un chapelet, appuyé sur l'épaule d'un jeune berbère au teint bronzé, à la croix tatouée sur le front et les joues. Il est aveugle. On nous le montre avec respect: il possède la science suprême, qu'un musulman ne saurait dépasser. Il sait par cœur tous les livres du Coran. De fait, cet homme a grand air, tout blanc, au milieu de ces autres hommes bronzés, dans ce cadre de murs éblouissants sous le soleil, avec ce coin de ciel bleu. On croirait revivre une scène biblique.

A la mosquée des Sept-Sabres, un forgeron est enterré. Il a passé sa vie à marmotter des invocations à Allah et à fabriquer d'énormes sabres. Quelques fourreaux de bois cerclés de fer sont encore pendus aux murs de son tombeau. Le reste a été vendu par la petite-fille du marabout. Le pieux et irrévérencieux Hassin nous dit que de son vivant le saint homme était un peu fou. Ce grand bâtiment vide n'offre rien de curieux. Dans une cour voisine, des ancres énormes de navires du XVIe et du XVIIe siècle, venues de Porto-Farina, gisent sur le sol. Une inscription, gravée dans la porte, nous apprend que l'une d'elles est l'ancre de l'arche de Noé et que sa possession est un signe que Kairouan sera un jour port de mer.

La chaleur est assez forte et la vue se fatigue sur tous ces murs d'un blanc éclatant. Il est midi. En haut de la grande mosquée le drapeau rouge s'agite et dans le calme du milieu du jour, la voix claire et sonore du muezzin s'élève. De tous les minarets, comme des échos multiples, d'autres voix lui répondent : « *Allahou Akbar! Allahou Akbar, Achadou an la, ilaha, illà llah.*

Achadou enne, Mouhammedan rasouloullah ».

Après le repos du déjeûner, nous traversons les *souks* et allons voir fabriquer les tapis de haute laine dits de Kairouan. Les couleurs, dues maintenant aux procédés de la chimie moderne, sont un peu crues, mais le moelleux du tissu et l'originalité des dessins font oublier ce défaut.

Tout près des maisons des tisseurs est une école de garçons. Dans une salle basse, petite, sans plancher, éclairée par la porte ouverte, une trentaine de bambins, assis les jambes croisées, piaillent en chantonnant les quelques lignes du Coran, remises à chacun par le maître, pour tenir lieu tout à la fois d'exercices de lecture, d'écriture et de mémoire. Quelques-uns paraissent somnolents ; notre présence les réveille et leur donne un nouvel entrain. C'est au milieu d'un indicible concert que nous les quittons.

Au retour, nous passons devant la mosquée « aux Trois-Portes ». Petite, sans caractère, elle n'a de curieux que quelques lignes de vieil arabe sur sa façade. Nous rencontrons, sur le carrefour qui l'avoisine, le commandant des Tirailleurs ; nous causons et bientôt nous sommes entourés par des badauds déguenillés et malpropres qui nous regardent curieusement.

La voix que nous avons entendue à midi retentit de nouveau. Des gens graves, jeunes et vieux, drapés dans leurs burnous, entrent successivement dans la mosquée. Par la porte ouverte, nous voyons leurs formes blanches s'agenouiller dans la pénombre de l'intérieur, et s'incliner à plusieurs reprises, les bras étendus, le front touchant le sol ; le murmure des prières vient jusqu'à nous, puis les fidèles se dispersent silencieux.

Pendant que Cuinet remplit les obligations que lui impose son grade, nous nous engageons sur les remparts sous la conduite du lieutenant Savignard et du guide Hassin.

Nous sommes montés près de la *Casbah*, et le quartier que nous avons à nos pieds est bien curieux.

C'est l'endroit mal famé de la ville. Un mur de construction récente l'a isolé de la grande rue et oblige ses habitants ou ses visiteurs intimes à faire un détour immense. Aussi, le pantalon rouge de l'officier appelle-t-il les récriminations. De toutes les portes sortent des femmes vêtues de couleurs criardes, jaunes, violettes, bleues, aux pommettes et aux lèvres rouges de fard, aux yeux cerclés d'un grand rond noir, aux boucles d'oreilles énormes. Elles supplient Savignard de leur faire ouvrir la rue ; elles n'ont plus d'air, c'est leur condamnation à mort qu'on a prononcée. Elles disent tout cela avec des gestes extraordinaires, avec un flux de paroles qui étourdit nos oreilles inaccoutumées.

Dans les maisons ouvertes, nous voyons des hommes accroupis, buvant du sirop, de l'eau sucrée et écoutant une musique bizarre que tirent, d'une sorte de guitare, des femmes vêtues comme celles du dehors. Dans un coin, un tableau aurait certainement tenté un aquarelliste : un âne arrêté ; une jeune fille très brune, aux vêtements d'un coloris intense, accoudée sur la bête, croquant une orange de ses dents blanches ; le conducteur, s'agitant dans son burnou, gesticulant et semblant se disputer avec une vieille femme, très ridée et très sèche, assise devant une porte.

Sourds aux réclamations, nous continuons notre route au milieu des verres cassés, des bouteilles brisées, des chiffons malpropres, des têtes de chat, dont quelques-unes fraîchement coupées. Intrigué, j'interroge Hassin, qui, dans son charabia, nous donne, sur la vertu et les propriétés de la viande de chat, des éclaircissements qu'il est bon que nos dames n'entendent pas. Elle guérit sûrement, paraît-il, certaines maladies, et pareilles dépouilles s'expliquent dans ces parages. Les escaliers manquent pour descendre ; nous devons affronter un plan incliné, hérissé de grosses pierres, qui nous obligent à de multiples exercices de gymnastique. Nous gagnons enfin le chemin de ronde par une petite porte en colimaçon, étroite et basse, et, à deux pas, nous trouvons l'église catholique. Ce n'est qu'une grange, blanchie à la chaux, garnie de bancs en bois plus que modestes, construits peu à peu, avec les dons restreints que reçoit le curé de ses rares ouailles. Elle est bien pauvre et bien nue, la petite chapelle, mais elle a un air de propreté qui repose de la poussière des grands édifices musulmans.

La nuit va venir et nous reprenons le chemin de l'hôtel. En face, s'ouvre la boutique d'un barbier. En attendant le dîner, j'assiste à une opération chirurgicale divertissante. Un pauvre diable, qui, sans doute, souffrait atrocement d'une migraine, est venu se faire appliquer des ventouses. Le patron est absent, mais son fils de douze ans le supplée. Le patient s'installe sur une natte, les jambes en croix, la tête en avant. En un tour de main, le gamin agile lui rase le crâne derrière les oreilles ; sur la place nette, il applique le fourneau d'une espèce de pipe en fer blanc et, par le tuyau, il aspire, il aspire. C'est la ventouse. Un gonflement se produit. D'un coup tranchant de rasoir, il est fendu ; la pipe revient à sa place primitive, l'opérateur aspire de nouveau et, petit à petit, le sang remplit le godet. Sa capacité est bien d'un grand verre à liqueur ; par six fois il est vidé. Le malade, qui n'a fait qu'une grimace au moment de l'incision, s'en va content, sinon soulagé.

Le dîner est gai, nous avons de nombreux convives : de jeunes officiers et le vice-consul de France. Ce dernier doit nous conduire aux cérémonies des Aïssaouas de Kairouan, qui reçoivent leurs confrères du Kef, venus en pèlerinage au tombeau de « l'ami du Barbier ».

A neuf heures, nous arrivons à la mosquée, sise en dehors des remparts. Nous trouvons une petite porte étroite, un *patio* mal éclairé, entouré de colonnes grêles, enfin une porte plus grande, entr'ouverte seulement, et nous voilà dans une pièce carrée, bourrée de sectateurs et de spectateurs, éclairée faiblement par de rares lampes à pétrole, suspendues au plafond. A l'entrée, accrochés de chaque côté de la porte comme des bénitiers dans nos églises, deux vases en cuivre laissent fumer l'encens. Aux murs, se voient quelques sabres, d'immenses broches, des tambours de basque de toutes tailles ; au centre, des fourneaux en terre remplis de braise. Le cheik des Aïssaouas de Kairouan nous reçoit très aimablement, nous conduit à des bancs, en bousculant un peu les gens accroupis, et nous installe assez commodément. C'est presque un vieillard, au teint très blanc, à la barbe grise, à l'air mélancolique et doux.

Les cérémonies ont déjà commencé. Deux rangs d'initiés, assis les jambes croisées, occupent le milieu de la pièce. Face à face, ils chantent en s'accompagnant sur de petits tambourins. Leur mélopée nasillarde et gutturale, lente au début, rythmée comme certains de nos chants d'église, va en se précipitant. Les chanteurs semblent s'exciter. Ils se regardent la barbe en pointe, les yeux dans les yeux. La chaleur moite augmente, la sueur coule de leur front, quelques-uns s'arrêtent pour boire de l'eau dans de petites gargoulettes qui circulent ; les autres continuent leur vive et bizarre cantilène.

Pendant ce temps, un Arabe se promène avec des flacons à long col étroit. Il verse sur les assistants de l'eau de roses et de l'eau de fleurs d'orangers ; il en est prodigue pour nous. Ces parfums se mêlent à celui de l'encens qui fume toujours et à l'odeur âcre qui s'exhale de ces corps échauffés. Adossé à une espèce de grillage, semblable aux barres de bois entrecroisées d'un cloître, j'entends des chuchotements derrière moi. Je me retourne, et à l'obscure lueur du dehors, j'aperçois un jeune visage de femme, qu'instantanément recouvre le voile un moment enlevé ; deux yeux brillants restent seuls fixés sur moi. D'autres femmes sont là, dans la petite cour, causant très bas.

Dans la salle, le chœur a cessé ; une voix s'élève seule, on ne sait d'où, très claire et traînante Elle dit un psaume cadencé qui se prolonge et semble n'avoir pas de fin ; puis les chantres du milieu succèdent au soliste, dans un mouvement très vif. Ils s'accompagnent cette fois sur d'énormes et bruyants tambours dont on a tendu les peaux en les chauffant sur des charbons rouges. La cadence se perd bientôt, le rythme disparaît, ce ne sont que des paroles entrecoupées, des vociférations interrompues par des hoquets d'épuisement. Et voilà que de tous les points de la salle, des gens se lèvent, jeunes ou vieux, et viennent tourner le dos à l'entrée principale. Au centre, un vieillard trapu, au teint coloré, semble diriger la bande. Tous se tiennent serrés les uns contre les autres, en une seule ligne, le bras droit au cou du voisin, le bras gauche prenant sa taille. Ils commencent un mouvement de pas accéléré sur place : un, deux, un, deux. Puis ils s'arrêtent et commencent un long balancement de leurs corps soudés les uns aux autres. Ils s'inclinent à droite, à gauche, tendent la tête en avant, courbent les reins en arrière, sans qu'un chaînon de la chaîne humaine se rompe. Elle va, au contraire, s'allongeant. Les Aïssaouas étaient dix au début, ils sont bien cinquante maintenant. La musique sauvage continue : un, deux, un deux ; la cadence des jambes s'accélère, le balancement s'accentue. De temps en temps, un grognement de peine, plaintif, haletant, sinistre, sort, comme un rythme nouveau et étrange, de ces poitrines en feu et de ces gorges desséchées.

Tout d'un coup, un illuminé repousse ses compagnons qui renouent le chaînon brisé. Il s'avance, arrache sa *gandourah*, sa veste, sa chemise. Nu jusqu'à la ceinture, il dénoue ses longs cheveux roulés, et dans des mouvements désordonnés, dans des tournoiements étourdissants, agite sa tête et son corps. Il saisit une longue lame de tourne-broche, et la passe à travers ses joues ; un autre le suit, brandissant un sabre, dont il se frappe l'abdomen ; un troisième s'introduit dans l'épaule une tige carrée en fer, qu'enfonce hardiment avec un énorme maillet un confrère Aïssaoua ; un quatrième avale de longs clous, avec des hurlements affreux ; un cinquième fait craquer sous ses dents des morceaux de verre ; un sixième mâche des feuilles fraîches de cactus, et puis d'autres et d'autres encore recommencent pendant que la chaîne humaine s'agite toujours, et que les *youyous* des femmes, abritées dans la petite cour voisine, applaudissent à ces dévergondages d'esprits fous.

Très paisible et très pâle, le cheik des Aïssaouas est debout à mes côtés, arrêtant d'un geste, d'un regard, les hallucinés qui vont dépasser les limites. Il retire lui-même, après une courte imposition de son mouchoir, les lames entrées dans les épaules ou dans les joues ; pour chacun, il murmure quelques paroles qui ne parviennent pas à mon oreille, une prière sans doute, et le patient, qu'il a baisé au front, retrouve le calme et va s'asseoir parmi les spectateurs tranquilles.

L'hypnotisme joue, en somme, le plus grand rôle dans ces scènes horribles à voir. J'aurais voulu avec moi un médecin pour suivre scientifiquement les opérations faites sous nos yeux et en démêler le charlatanisme. Le donneur de coups de sabre oblique le tranchant avant qu'il effleure sa peau ; il ne se coupe pas, il se flagelle. Ceux qui se percent les joues ou les épaules, recherchent le sillon d'un seton ancien, et la lame de leur tournebroche suit un chemin bien tracé et préparé. Mais je n'ai pu m'expliquer l'ingestion des clous ou du verre pilé, et je ne crois pas avoir été le jouet d'une illusion.

La fête n'est pas terminée quand nous sortons vers onze heures. L'atmosphère au-dedans est chaude et lourde : nos nerfs sont douloureusement surexcités ; nous avons besoin de l'air frais de la nuit splendidement étoilée et du repos du lit, quelque peu moëlleux soit-il.

X

Jeudi 24 mars. — Le temps est brumeux quand nous partons vers six heures dans nos deux voitures. Le Caïd des Messaoud el Horchan nous a envoyé sa calèche, ses deux mules et son cocher nègre, très drôle avec ses yeux jaunes et ses dents blanches tranchant sur le bronze de la peau. Nous trottinons dans le sable et dans le pays dénudé qui avoisine Kairouan. Quelques touffes d'alfa, des tamariniers à très petites fleurs d'un jaune vert, des jujubiers sauvages avec leurs tiges grêles, ondulées et blanchâtres comme de petits fils de fer, voilà la seule végétation que nous apercevions depuis longtemps. Au loin, les montagnes élevées du *Djebel-Berberou* détachent sur le gris du ciel leurs profils bleuâtres. Des caravanes de chameaux chargés d'alfa, des tribus nomades avec leurs troupeaux de moutons à la queue large et plate, de chèvres et de petites vaches, passent à quelque centaines de mètres de nous.

Un mulet nous rencontre, escorté par trois cavaliers perdus dans leurs burnous, le long fusil en bandoulière. Une grande et étroite forme blanche, ligottée et serrée, est posée en travers du bât de l'animal ; ce singulier fardeau s'en va ainsi, ballotté dans tous les sens. Plus loin, une caravane analogue est en vue. Le grand paquet blanc est juché sur un chameau qui marche de son pas ondoyant. Ce sont deux convois funèbres ; Cuinet interroge les conducteurs. Les morts viennent des *Ouled-Ayar*, bien loin de l'autre côté des montagnes, qu'on aperçoit à des centaines de kilomètres, et voilà plus de deux jours que les escortes sont en route pour Kairouan, la ville sainte, avec ces cadavres et ces suaires.

Le chemin est poussiéreux, le sirocco menace, nos petits chevaux peinent. La monotonie aride du paysage se déroule ; pas une maison pendant 25 kilomètres, rien que la végétation rabougrie des

sables : quelques rares thapsias, une bruyère grise
à grandes fleurs grises, des espèces d'ajoncs, tout
chargés de minuscules escargots blancs, quelques
lauriers roses sur le bord des *Oueds* asséchés que
notre voiture traverse.

Vers midi, nous faisons halte à un fondouk
bien misérable et d'une saleté incroyable. Un
régisseur d'un grand domaine du voisinage a
planté sa tente de repos devant le bâtiment.
Nous nous y installons pendant que le spahi
Ahmed va nous chercher, à 500 mètres, une eau
de source assez claire, mais légèrement magné-
sienne.

Après le départ, le coup d'œil change, le sol est
plus accidenté, plus rocailleux. Nous apercevons
des forêts immenses de cactus; les *oueds*, toujours
secs, sont moins sablonneux ; un gazon court borde
la piste ; des perdrix appariées s'enlèvent à nos
côtés et on les voit courir, peu effarouchées, dans
les arbustes plus verts ; les petites tortues abondent. Nous rencontrons deux ou trois douars, installés au milieu de champs d'orge. Vers cinq heures, au sommet d'une colline, entourés dans la
verdure, les murs blancs du poste d'Hadjeb el
Aïoun apparaissent.

Le lieutenant Martin, commandant, et ses officiers indigènes Ali Chtioui et Abd-el-Magib-ben-
Mohammed nous accueillent avec un grand empressement. Sous leur conduite, après avoir

essuyé la poussière de la route, nous faisons le tour du camp, arrosé par une eau abondante, très belle mais un peu fade. La végétation est superbe dans ce petit coin mouillé ; les lauriers roses y abondent ; les figuiers, sous leurs feuilles sombres, sont peuplés de myriades de moineaux, qui, à cette heure tardive, font un étourdissant tapage. La source s'en va, avec des ressauts et des cascatelles, fertiliser des jardins potagers, alimenter des lavoirs et donner la vie aux champs d'orge qu'on voit verdir tout autour dans la plaine. Des ruines intéressantes de thermes romains, où l'on remarque des vestiges de mosaïque, indiquent un ancien usage de cette bienfaisante fontaine.

Il nous faut aller au douar le plus voisin, là-bas, à un quart d'heure : nous avons besoin, pour le lendemain, d'un mulet et de son conducteur, et Cuinet ne peut rien obtenir d'un vieil Arabe avec lequel il gesticule depuis une heure.

Le beau vacarme qui nous accueille ! Les petits chiens blancs avec leurs museaux pointus et leurs queues grêles nous regardent de travers, ils glapissent en se tenant à l'écart. C'est l'heure de la rentrée des troupeaux : les chèvres et les moutons bêlent ; les chevreaux et les agneaux pleurent en cherchant leurs mères ; les ânes font un tapage inénarrable ; les enfants se sauvent à notre approche ; les hommes frappent à coups de bâtons sur ce grouillement pour nous faire passage. Un Arabe maigre, au teint mat, vient nous saluer en égrenant son chapelet. C'est le chef de la réunion ; nous entrons sous sa tente et les voyageuses vont voir ses femmes qu'on isole en tirant un tapis. L'intérieur est mal éclairé par une lanterne, munie d'une trop longue chandelle, et l'odeur particulière aux douars, cette odeur âcre de fauve, est telle, que nos dames effrayées se sauvent bien vite. Pendant cette retraite, le lieutenant Ali-Chtioui, très grand, a une altercation avec le propriétaire qui lui reproche d'avoir jeté un coup d'œil indiscret sur ses femmes, par dessus le tapis. Enfin Cuinet a obtenu ce qu'il voulait, non sans phrases, sans gestes et sans explications. La nuit tombe ; nous remontons doucement la côte qui nous conduit à la *popote* des officiers.

Un dîner monstre s'est préparé sous la direction du sous lieutenant Abd-el-Magib. Les plats succèdent aux plats et pas trop mal apprêtés, ma foi. Des asperges sauvages ont un grand succès, la soupe au lait, sucrée et épicée, surprend un peu nos palais.

La conversation est fort gaie, nos hôtes nous racontent leur vie, les parties de chasse aux sangliers, que nous pourrions faire dans les grandes forêts de cactus, avec la compagnie de tirailleurs, tambours et clairons en tête, comme rabatteurs. C'est bien tentant, mais nos moments sont comptés. Le verre de champagne en main, nous buvons à nos amis de ce jour. Abd-el-Magib nous tient tête, quitte à donner une petite entorse aux préceptes du Coran, mais il est avec le ciel de Mahomet des accommodements. Nous gagnons nos chambres de bonne heure, celle de Mme Convert est toute parfumée de l'encens qu'a brûlé à son intention le brave Ali-Chtioui. Nos compagnes ont les lits des officiers ; nous retrouvons, nous autres, nos *portefeuilles* du régiment ; mais, après ce grand soleil et cette douche d'air, comme nous dormons bien !

XI

Vendredi 25 mars. — Le ciel est beau. Le départ est long à s'organiser. Le muletier, si péniblement trouvé hier, se fait attendre ; il est près de sept heures quand nous nous mettons en route.

L'étape sera courte, 45 kilomètres au plus, mais nous sommes obligés d'emporter pour nos dames tout un campement ; le caïd des Madjeurs, prévenu, doit faire dresser une grande tente arabe pour les hommes. Les lieutenants Martin et Ali-Chtioui nous accompagnent à cheval. La route est plus verdoyante que la veille, les champs d'orge sont plus nombreux. Des cactus, des tamariniers, quelques oliviers très vieux et chenus bordent la piste passable. Au bout d'une heure, nous atteignons une véritable forêt de ces arbres séculaires. Les officiers du poste d'Hadjeb nous quittent, non sans des serrements de mains qui n'ont rien de la banalité de ceux qu'on échange en Europe.

Quelques ruines romaines, rares encore, nous indiquent la vieille voie qui conduisait vers le Sud. A onze heures, sur un plateau rocailleux, battu par les vents, nous trouvons une grande enceinte qui s'effondre, et tout autour des petites maisons sans toitures. C'est Djilma, point stratégique important, occupé pendant la campagne par une brigade entière.

Sur un des versants du plateau, s'ouvre un petit enclos aux murs très bas, marqué au milieu par une croix de fonte, qu'une main inconnue a brisée il y a huit jours. C'est le cimetière de 1882. Là dorment, loin de leur pays, de jeunes Français dont on sait à peine les noms maintenant. Les trente tertres, sous lesquels ils reposent, ondulent le sol aride : on dirait des vagues immobiles. Chapeaux bas, nous allons porter à ces obscurs soldats, l'humble souvenir de compatriotes. Nos femmes s'agenouillent et font sur ces tombes la prière, ce suprême adieu que la mère n'a pu dire à son enfant. Nous sommes profondément émus. Ces débris à nos côtés, cette immensité inculte qui nous entoure, ce petit coin d'éternel repos, plus triste encore dans cette morne solitude, étreignent nos cœurs et rendent nos yeux humides. Que la Société du Souvenir Français pense à nos pauvres morts de Djilma !

Pendant que le déjeûner se prépare, Louis Convert prend le fusil et va guetter les pigeons bleus qui tournoient au-dessus de nous. Il en abat un qui servira pour le dîner du soir. La brouillade aux truffes, préparée par la main habile de nos compagnes de route, est proclamée exquise. C'est le plat du jour, le saucisson et le foie gras sont d'une banalité qui m'empêche de les mentionner. Le thé, savamment distillé par Debry, emporte tous les suffrages. Pendant qu'on réinstalle la vaisselle dans les couffins, je m'en vais, le fusil à l'épaule, battre un peu la broussaille. A la fois, un lièvre part entre mes jambes, deux perdrix s'envolent à mes côtés, j'ajuste tout et ne tue rien.

Baba-Messaoud, le cocher nègre, nous quitte avec de grandes protestations de dévouement. Il prend la route à gauche qui va à Guemouda, nous obliquons à droite. La piste est moins bonne que le matin, le terrain est plus accidenté, les *oueds* sont plus nombreux. Il nous faut franchir, au petit pas, des collines couvertes d'oliviers très âgés. Leurs troncs tortillés et noueux ont assisté, parait-il, à la grande bataille de 647, qui donna la Tunisie aux Arabes. Sous l'un d'eux, le Patrice Grégoire fut fait prisonnier avec sa fille, après une lutte de plusieurs jours.

De toutes les cités florissantes, de toutes les cultures luxuriantes, apanages d'une nation laborieuse, il ne reste plus que des ruines sans nombre que nous foulons depuis le matin, des vieux arbres dégradés, une herbe menue et grillée qui nourrit chichement des troupeaux qu'on entend au loin. Une vague odeur persistante signale le voisinage de douars. On voit bientôt, à droite et à gauche, leurs larges tentes, à raies noires et blanches, en poils de chameaux tissés.

Un grand remue ménage se produit dans ces camps. Des cavaliers arrivent, et derrière courent des groupes de femmes et d'enfants. Nous sommes entourés, notre voiture ne peut bientôt plus avancer.

Les cavaliers remettent à notre spahi de petits pots de beurre et se tiennent respectueusement à distance, les femmes s'approchent en se bousculant : les plus curieuses et les plus hardies se dressent sur le marche-pieds. Elles sont uniformément vêtues d'un très grand morceau de toile bleue sans couture. Il est artistement drapé et forme une robe qui ne manque pas de grâce, s'ouvrant du côté droit du corps et laissant voir dans la marche les teintes bronzées de la peau. Nos assaillantes ne sont guère belles. Les mains et le visage très bruns sont couverts de tatouages bleus : des petites croix, des triangles, des points et chez quelques-unes, des dessins plus compliqués. Les cheveux très noirs sont luisants d'huile rance ; les oreilles sont surchargées d'énormes anneaux d'argent ; les cous sont encombrés d'amulettes : petits sacs de cuir avec des versets du Coran, coquillages ou pierres pendus à des fils ; sur la poitrine de quelques-unes brillent des petits miroirs ronds à deux sous. Leurs yeux ardents et noirs regardent avec avidité les voyageuses ; les mains gantées les attirent surtout. C'est qu'elles sont rares les Européennes qui passent par cette route peu suivie, et voilà peut-être bien longtemps que nos Arabes n'ont vu de visages de Françaises. Une vieille Berbère, toute ridée, très décrépite, ressemblant à une sorcière, nous offre des œufs ; nous la récompensons avec une petite pièce blanche de cette monnaie neuve et brillante, que le gouvernement beylical vient de mettre en circulation. Aussitôt des douzaines de mains se tendent et le capitaine est obligé de rudoyer tout ce monde pour nous dégager. La voiture part, les enfants déguenillés, sales, à peine vêtus nous suivent en courant ; quelques sous jetés les laissent en arrière et nous pouvons mettre pied à terre pour traverser un *oued*. Il a de l'eau celui-là, de la belle eau tiède, très claire, courant sur du sable scintillant, à l'abri d'énormes touffes de lauriers roses, d'où s'envolent des bécassines. Les chevaux se désaltèrent à longs traits, nous grimpons tout doucement la berge siliceuse, et nous apercevons, comme par un coup de théâtre, la silhouette superbe des grandes ruines de Suffetula, se dégageant vivement sur le ciel éclairé.

Ces vastes ossatures, ces squelettes gigantesques d'édifices imposants, debout au milieu de ce désert, apportent un trouble étrange. L'arc de triomphe, presque intact, très élevé avec sa porte grandiose, ses colonnes corinthiennes, ses niches à statues, veuves aujourd'hui, est d'un effet saisissant, à cette heure du jour, où le calme si grand de ces solitudes s'accroît encore, où le soleil, qui descend, jette sur toutes choses, ses teintes empourprées et chaudes.

La voûte passée, on suit une rue dallée — les plans de ses maisons se dessinent encore — et l'on arrive à une colline, couronnée d'un monument qui devait être immense. Ses débris sont importants, mais le temps ou les hommes ont fait leur œuvre destructive et il est difficile aujourd'hui d'en déterminer le caractère.

A deux cents mètres plus loin, une masse énorme nous attire. Ce sont les ruines des grands temples. M. Ch. Tissot, chargé, vers 1855, d'une exploration scientifique de la Tunisie, en a donné une description exacte encore ; je ne puis mieux faire que de la transcrire.

« Un beau portique d'ordre ionique, donne
« accès du côté du Sud dans un péribole de 141
« mètres de long sur 67 de large. Deux autres
« portes cintrées, de moindres dimensions s'ou-
« vrent sur les faces latérales du rectangle. Le
« portique principal est surmonté d'une inscrip-

« tion. En face du portique et adossée à la partie
« nord du péribole, s'élève la cella principale, dont
« la façade, mesurant intérieurement 7 mètres 90,
« a beaucoup souffert ; les colonnes et les frises
« gisent sur les marches du péristyle.

« L'opisthodome et les faces latérales, longues
« dans œuvre de 11 m. 40, sont encore debout. L'o-
« pisthodome est orné de quatre grosses colonnes
« corinthiennes engagées ; les faces latérales en pré-
« sentent six. A droite et à gauche de la cella princi-
« pale dont ils sont séparés par une ruelle large
« de 4 mètres, deux sanctuaires plus petits, pré-
« sentent les mêmes dispositions. A 8 mètres de
« ces deux édifices, deux constructions quadran-
« gulaires, à murs simples et sans ornements,
« forment les deux angles de la façade nord du
« péribole. Quatre portes cintrées s'ouvrent dans
« cette façade entre le temple principal, les deux
« temples latéraux et les deux constructions des
« angles (1) ».

Ce que Tissot ne dit pas, c'est l'impression pro-
duite par cet amas de pierres, que le temps a re-
vêtues de sa patine dorée ; par ces blocs désagré-
gés, que les lois de la mécanique tiennent seules
debout ; par ces sculptures qui dominent les co-

---

(1) *Exploration scientifique de la Tunisie* publié d'après le manuscrit de Ch. Tissot, par Salomon Reinach, 2ᵉ vol. page 615.

lonnes et les frises. Et au centre, quel fouillis de chapiteaux, de fûts, d'architraves, dont l'œil le moins exercé retrouve sans peine la place. Aujourd'hui, la France a pris en charge l'avenir de cette terre d'Afrique ; elle s'applique aussi, je le sais, à ressusciter les témoignages glorieux de son passé. Qu'elle n'oublie pas Sbeitla. Il y a là des ruines merveilleuses, avec lesquelles un architecte pourrait refaire une restauration intéressante et digne d'être tentée. Et, à côté du temple, que d'édifices de premier ordre ! Sur le bord de la rivière que nous avons traversée tout à l'heure, une vaste maison carrée à colonnades, avec un hémicycle, m'a paru être les restes d'un théâtre ; et d'autres sont là encore, dont nos regards inexpérimentés ne voient que les formes incertaines, mais que des esprits plus versés dans ces choses spéciales, reconstitueraient avec rapidité pour le plus grand profit de l'art, de l'histoire, de l'archéologie et aussi des sciences morales. Quelle population riche, puissante, artistique, devait avoir de tels monuments !

Pendant que nous nous oublions à errer dans les décombres et à admirer ces legs du passé, Cuinet et Debry ont dressé la tente de nos voyageuses, surveillé l'installation, et jeté un coup d'œil sur l'appartement que nous ont préparé les indigènes.

Nous allons tous du côté du vieux pont romain, autrefois aqueduc et viaduc, qui a très grand air encore. Oh ! la délicieuse chose que cet oued Sbeitla qu'il traverse !

Entouré de rochers charmants, bordé de lauriers-roses et de hautes graminées, c'est un coin enchanteur. Nous ne résistons pas à l'invitation de ses eaux claires, limpides et tièdes. Quelles ablutions prolongées, quels délices de pouvoir se débarrasser de la poussière de la route ! Aussi le soleil a déjà disparu quand les derniers de nous rejoignent le campement. Là-bas, dans une antique enceinte, devant un grand feu de menu bois, deux Arabes préparent le rôti ; plus loin, derrière un pan de murs, des femmes surveillent le kousskouss.

Il y a festin ce soir sous notre tente, assez mal éclairée par des bougies sans supports.

Le pigeon tué le matin est allé rejoindre dans une casserole un poulet que la main experte de nos cuisinières ordinaires a fait sauter au cognac. Un léger goût de fumée supplée au jambon d'York absent. Le kouss-kouss est soigné, mais le blé est mal nettoyé et les grains de la farine craquent désagréablement sous les dents. Le *méchoui* parait enfin, solennellement apporté. Le pauvre agneau décapité, tordu et noirci par la flamme claire, tout recroquevillé, passé dans un énorme bâton, a un aspect bizarre.

La coutume exige qu'il soit dépecé avec les doigts; nos dames se refusent à cet excès de barbarie et Debry leur découpe un gigot. Je demeure persuadé que la manière arabe de le manger, en arrachant, sans instruments, des lanières de chair grillée, est la bonne. C'est un régal exquis.

Le représentant du caïd, chargé de nous approvisionner, assiste à notre repas ; il a des envies folles de parler et Cuinet, qui seul peut lui donner la réplique, est silencieux ce soir-là. Aussi le pauvre homme se morfond. Après le champagne, après le thé, supérieurement préparé par Debry, savant dans tous ces détails de la vie de voyage, nous nous mettons, très gais, à chanter et à danser autour de notre feu de bivouac ; les indigènes nous regardent ébahis.

L'homme aux discours rentrés marque sa satistisfaction en répétant dans son charabia : « Quels beaux jeux, quels beaux jeux ! » Le fait est que le spectacle ne manque pas de piquant, et il y a longtemps que Suffetula endormi n'avait entendu pareils échos. Il est l'heure du coucher : côté des hommes, côté des femmes. Les voyageuses ont dans leur très petite tente de très étroits lits de sangles ; elles sont condamnées à l'immobilité. Sur le sol qui sert de sommier nous avons pour matelas un épais tapis de Kairouan et pour traversins les coussins de la voiture.

Ahmed est préposé à la garde des tentes, il s'accroupit au dehors dans son burnous. L'on n'entend plus bientôt que les cris des Arabes, qui, à l'écart, très loin, finissent de ronger les os du méchoui, et avalent les dernières boulettes du kouss-kouss.

Tout s'apaise enfin, seules les mille petites bêtes, tant de fois signalées, commencent sur nos malheureux corps leurs attaques nocturnes.

XII

Samedi 26 mars. — Le ciel est beau à notre lever. Le siroco menace. Nous allons dire adieu à la bienfaisante petite rivière voisine, pendant que nos dames terminent leur toilette. Trop à l'étroit dans leur tente, elles ont dû se donner de l'air. Aussi ont-elles un grand succès de curiosité auprès de nos bons amis les Arabes, qui demeurent stupéfaits de tant de préparatifs et d'apprêts. Les cheveux blonds de ma femme, au vent sur ses épaules, semblent surtout les intriguer.

La levée du camp est laborieuse. Il faut recharger les mules et les renvoyer à Hadjeb-el-Aïoun; Cuinet et son spahi sont fort affairés à presser les Arabes indolents. Enfin, à 6 heures 1/4, notre caravane s'ébranle. La température est chaude, la route pénible, sablonneuse. La végétation est rare : quelques touffes d'alfa, quelques bruyères grises épineuses à très grosses fleurs. Nous trouvons un poteau télégraphique renversé. Cet instrument de notre civilisation, gisant à terre, ajoute à la tristesse du paysage morne. Et partout des débris de villes : sur des kilomètres, les matériaux, dont elles furent construites, s'étalent, transformant le sol en véritables champs de pierres. Après les villes, ce sont des métairies romaines, dont les assises et les montants des portes sont encore debout.

A chaque instant, il nous faut mettre pied à terre pour descendre et remonter les berges sablonneuses des *oueds* escarpés, qui à chaque pas sillonnent notre route. Un des ressorts de notre voiture se casse ; on passe près d'une heure à le consolider avec des cordes.

Et nous allons ainsi dans la broussaille monotone, escortés du brave Ahmed. Plus de caravanes, presque plus de troupeaux et de familles errantes. Debry et Cuinet ont pris les devants au trot allongé de leurs montures. Nous languissons. Nos malheureux petits chevaux peinent horriblement. Enfin, à notre droite, nous dépassons un assez grand édifice blanchi à la chaux, avec des jardins où se balancent deux palmiers. C'est la Zaouïa Sidi Mostapha. Les élèves qui la fréquentent, de grands garçons bruns, chantonnent leur Coran, accroupis en dehors, et nous regardent passer d'un air indifférent et distrait. De gros cubes de pierre jaune dressent dans le fond leurs arêtes vives dans le ciel. Puis voilà de l'eau, très peu d'eau dans un *oued* très large, l'oued Derli. Ma femme tient à le franchir à pied. Un Arabe à l'air intelligent, qui nous attend à cet endroit, secoue cinq ou six gaillards ; très empressé, il met lui-même la main à l'ouvrage et tant bien que mal nous fait un passage convenable. Nous en sommes quittes pour un très léger bain de pieds. Une courte montée assez raide à gravir, et nous trouvons enfin le Fondouk de Kasserine. J'ai d'abord à geindre et à accabler de reproches le capitaine qui nous a abandonnés ; puis nous songeons au déjeuner : des lits de pierre, adossés aux murs, nous servent de sièges, une table est découverte quelque part, installée dans la pièce poussiéreuse, et nous faisons le plus grand honneur aux vivres de cuisine française, que nous a envoyés Madame Bouin, la femme très obligeante et serviable de l'officier de renseignements de Feriana.

Un peu de repos est utile, nous en profitons pour aller regarder de près les cubes entrevus tout à l'heure. Ce sont d'énormes mausolées. Il y en a trois presque intacts : deux très voisins, l'autre à un kilomètre. Si tous étaient dans la nécropole, elle devait être très grande, et l'on peut induire, de cette étendue, l'importance de la ville des vivants. Un de ces tombeaux a conservé une très longue épitaphe en vers latins : elle est en entier relatée par Ch. Tissot. Il est déjà deux heures et nous avons fait à peine la moitié de la route.

Au sortir de Kasserine, un arc triomphal de très

grande physionomie, puis des débris de monuments marquent l'emplacement de l'ancienne Cillium. Tout auprès s'étendent d'immenses carrières de pierres, dont les bancs supérieurs, depuis longtemps inexploités, ont pris la teinte rousse des édifices anciens. Nous retrouvons la route fatigante du matin, moins accidentée toutefois.

De l'éternelle végétation malingre partent quelques couples de perdrix rouges et une ou deux petites outardes. Bientôt nous roulons entre des bordures continues d'éboulis. Pendant des kilomètres ce ne sont que pierres de constructions antiques, poteries, fûts de colonnes.

Notre attelage doit ralentir l'allure et la nuit nous surprend à cinq kilomètres de Feriana, notre étape. Si nous ne voyons plus de ruines, nous les sentons. Les heurts sur les blocs de pierre sont si violents, les cahots tellement brusques et répétés que ma femme effrayée veut descendre de voiture. C'est à pied que nous allons tous deux dans l'obscurité grande, tâchant de suivre le spahi de Feriana, dépêché à notre rencontre. Que de secousses dans ce chemin inconnu, sous un ciel sans lune ! Pour faciliter la marche, voici un *oued* à traverser ; nous enfonçons dans le sable, et au milieu du torrent nous sommes perdus. La voiture, que nous avions dépassée, nous rejoint enfin et nous gagnons avec elle la bonne piste. Encore quelques efforts et les lumières du poste nous apparaissent comme un phare de salut. Le lieutenant Bouin nous attend dans la cour. Très empressé, il nous mène chez lui, nous nous reposons et bientôt un dîner excellent, présidé par Mme Bouin avec une bonne grâce toute simple et aimable, nous remet des fatigues de la journée. C'est une des meilleures soirées de notre voyage, que celle passée par nous dans cette maison hospitalière, entourés de prévenances où l'on sentait la plus franche et la plus douce cordialité. Si ces lignes tombent sous les yeux de M. et de Mme Bouin, elles lui diront toute notre gratitude et notre reconnaissance.

Il nous faut, par la nuit sombre, gagner notre gîte, à cinq cents mètres, à l'entrée du village, dans une sorte d'auberge, tenue par trois Français, les deux frères et la sœur. Venus à Feriana depuis longtemps, ils ont petitement vécu, économisant quelque peu. Ils sont aujourd'hui propriétaires d'un moulin à Kasserine et de la maison assez misérable où nos chambres sont prêtes.

Petites, passées à la chaux, avec des plafonds en toile, des portes mal jointes, elles n'ont certes pas le confort du Grand Hôtel, mais les lits sont très suffisants, et, la fatigue aidant, nous dormons bien. Convert, qui a la spécialité des aventures nocturnes, prétend que des armées de rats se sont chargées dans sa chambre. C'est le seul incident notable de la nuit.

XIII

Dimanche 27 mars. — Le temps est lourd, la chaleur assez forte. Vers dix heures, le thermomètre marque 24° à l'ombre. Nous passons notre matinée à errer dans le village arabe, curieux avec ses maisons de terre. Une source abondante, soigneusement aménagée et répartie, donne la vie à ce petit coin de terre. Des champs verts, des arbres d'Europe, des oliviers, des figuiers contrastent avec la nudité du pays environnant. Tout autour, les montagnes aux rochers et à la terre jaunes sont d'une aridité absolue.

Dans le village nous allons voir la *Zaouïa* où des gamins chantent le Coran pour se le graver dans la mémoire. Au milieu d'une cour carrée, avec des colonnades, un énorme abricotier jette un peu d'ombre. Un professeur à la barbe noire brillante, très beau sous son burnous blanc, fait réciter à un bambin les versets du Saint-Livre ; accroupi près d'une colonne, il reprend l'élève fautif, sans quitter l'aiguille avec laquelle il se confectionne une chemise. A côté, il y a un marabout que nous visitons, moyennant une pièce blanche donnée à la descendante du Saint, petite vieille, toute noire, profondément ridée, courbée en deux.

Enchantée de l'aubaine, elle se confond en remerciments. Il y a quelque temps, un parent éloigné avait, à son profit, dépossédé la pauvre femme de son privilège de gardienne du tombeau ; il a fallu toute l'autorité de M. le lieutenant Bouin pour faire respecter ses droits anciens et dûment établis. Le tombeau est comme tous les autres : une grande caisse verte et rouge, ornée de drapeaux et *d'ex voto* assez misérables. La mosquée des Aïssaouas du lieu est insignifiante : aux murs sont suspendus les instruments que nous avons vus à Kairouan.

Deux officiers célibataires, le lieutenant de spahis Guilma, qui commande le détachement de Feriana, et le lieutenant Martin, officier adjoint de renseignements, nous ont invités à déjeûner. Ils nous font les honneurs de leur *popote* avec beaucoup de prévenances et d'amabilité.

Le ciel se charge de nuages au sud, la température est accablante. Au sortir de table, nous visitons les jardins des casernes très bien entretenus et largement arrosés. Puis, fatigués par la chaleur étouffante, nous rentrons chercher un peu de repos. Quelques éclairs, du tonnerre, deux ou trois gouttes de pluie marquent l'orage qui a éclaté plus au sud. Mais le ciel demeure couvert et c'est dans une nuit très profonde, qu'après une nouvelle et réconfortante soirée, passée auprès de nos excellents hôtes d'hier, nous regagnons notre auberge. A cinq cents pas, dans la plaine sèche, les chiens blancs d'un douar misérable hurlent lamentablement.

XIV

Lundi **28** *mars.* — Le ciel est brumeux au départ matinal. Peu à peu les nuages passent, la température reste lourde ; l'orage d'hier a saturé l'air d'électricité. La route assez bonne au début, devient, à six kilomètres de Feriana, sablonneuse, puis rocailleuse. Les accidents de terrain se multiplient ; pendant une heure la piste se confond avec le lit d'un *oued*. Le cheminement est dur ; point de végétation que les tamariniers, les jujubiers sauvages très grêles, et d'énormes touffes d'alfa, dont un grand nombre brûlées.

Nous franchissons le Djebel-Nadour en suivant un torrent qui s'est tracé un large passage dans la montagne siliceuse. Vers midi, nous atteignons Sidi-Aïch, où nous devons déjeuner. Ce point, le *Vicus Gemellæ* des Romains, n'a conservé de sa splendeur passée que des mausolées, parmi lesquels deux, parfaitement conservés et ressemblant de loin, dans cette solitude, à nos théâtres de guignols, gardent en de longues épitaphes le souvenir des riches personnages qui y furent enterrés. A côté un monticule très large et très haut, entièrement composé de débris de poteries, semble indiquer l'industrie ancienne de la ville, dont les pierres éboulées et gisantes sur un assez grand espace, marquent l'étendue.

Nous nous abritons derrière les murs d'un blockhaus démoli, construit pour nos troupes au moment de notre entrée en Tunisie. Un vent qui souffle du sud, étouffant et desséchant, mêle à nos aliments des poussières de toutes sortes et nous force à hâter le repas.

D'ailleurs, un grand brouhaha qui persiste nous attire vers le puits voisin. Il y a là énorme affluence : bêtes et gens viennent de très loin se désaltérer ou s'approvisionner à ce *Bir*. De grands gaillards halés, les jambes nues, vêtus de petites tuniques sordides, tirent de grosses cordes, dont le sillon est profondément creusé dans les pierres du rebord. Ils remontent des espèces de petits chaudrons en cuivre et versent l'eau qu'ils contiennent dans des auges de pierre où le bétail barbote : moutons, chèvres, chiens, petits ânes, petits bœufs au poil roux brûlé, chameaux, chevaux, tous ces animaux se précipitent, se succèdent et se renouvellent sans cesse devant l'eau que trouble cette perpétuelle agitation. Des femmes, des enfants aussi peu vêtus que possible avec leurs bandes de toile bleue trouées et déchiquetées, remplissent, dans une autre cuve en pierre, des outres en peaux de bouc goudronnées et les chargent sur des ânes. Si un trou se fait dans ces vases flasques, il est promptement fermé avec un morceau arraché au vêtement. Tout le jour la procession des désaltérés se continue aussi fourmillante, aussi bruyante.

Bara, crie le cocher à ses chevaux, et il faut nous arracher à ce curieux tableau, car la route est longue que l'on voit là-bas toute droite, marquée en jaune clair dans la direction du sud.

Nous marchons à pied pendant un assez long temps pour éviter les secousses, que prodiguent les éboulis de la cité antique et nous allons ensuite dans un sable fin et profond. Le soleil s'est de nouveau caché sous une brume opaque ; quelques gros nuages arrivent du sud, noirs et plombés ; le sirocco souffle chaud et aveuglant. Aussi loin que l'on peut voir, la plaine s'étend morne sous sa végétation pauvre et sous le sable, dont les plaques rongeantes parsèment le sol de taches grises. Au nord, les rochers du Djebel Sidi Aïch, couverts de rouille, ajoutent à la mélancolie de ce spectacle. Nos vaillantes petites bêtes tirent à plein collier dans cette fine poussière de silice qui noie nos roues jusqu'au moyeu. Nous avançons avec une lenteur extrême, le pas de nos chevaux ne dépasse pas trois kilomètres à l'heure. Et nous nous laissons aller à un abattement voisin du découragement. Ç'a été un des moments les plus pénibles de notre route : nous avons tous gardé un profond souvenir de cette désespérance intime dont la tristesse des choses environnantes emplissait nos cœurs.

Un *oued* à traverser, puis un autre encore, un *bir* peu fréquenté, laissé sur notre gauche, et nous rejoignons le capitaine. Il est nerveux, le soir est proche et nous sommes encore loin de l'étape.

Cuinet gourmande très vivement nos gens que quelques gouttes de pluie ont arrêtés plus qu'il ne fallait. Le caïd de Gafsa, venu à notre rencontre nous attend. Il a très grand air : le teint mat, le visage doux, les yeux brillants et énergiques, une fine moustache noire, et une barbe en pointe comme la portaient d'Artagnan et ses compagnons d'armes. Vêtu d'une *gandourah* de couleur vive, bien assis sur son cheval blanc, il s'approche de notre voiture et nous adresse un aimable *slam*.

La nuit arrive rapidement, et c'est éclairés par les rares lumières du camp que nous entrons à Gafsa.

Le capitaine Delval du service des renseignements et Madame Delval nous accueillent très gracieusement, ils nous retiennent à dîner chez eux, et, une fois de plus, nous trouvons un précieux réconfort dans cette hospitalité cordiale et large que nous ne saurions oublier. Pendant que nous nous abandonnons aux attentions de nos hôtes, l'orage éclate furieux. Nous rentrons à notre logis — l'hôpital militaire — au milieu de la boue et des flaques d'eau que la pluie torrentielle a laissées dans les rues.

XV

Mardi 29 mars 1892. — Pendant la nuit nous avons renoué connaissance avec les petites bêtes perdues de vue depuis notre sortie du régiment. Pour leur échapper, dans la mesure du possible, nous avons dû fuir le lit et camper sur le sol. Enfin le ciel bleu du matin — trop bleu pour qu'il conserve sa pureté — efface le cuisant souvenir de la nuit. Je vais, avec Cuinet, saluer le commandant supérieur, M. le chef de bataillon Gœtschy. Il vient d'arriver avec sa jeune femme, et se trouve en pleine installation. Malgré ce surcroit d'embarras, il invite toute notre caravane à déjeuner. L'invitation est faite d'une façon si pressante, si amicale, si cordiale, que j'accepte pour tous.

En attendant midi, nous allons courir la ville. Des maisons de Gafsa, un grand nombre sont en terre à peine pilonée, sans fondations ni assises; elles s'effondrent aux moindres pluies.

Le marché est insignifiant. Un juif, aux yeux rouges, essaie de nous vendre de ces grandes couvertures en laine, connues sous le nom de tapis de Gafsa ; les dessins manquent d'élégance et les prix sont exagérés.

Nous rentrons au logis de nos hôtes, installés

dans une grande et belle maison arabe. Son propriétaire a été longtemps notre adversaire, et même est allé nous bouder en Tripolitaine : il consent parfaitement aujourd'hui à toucher le montant de la location de son immeuble.

Quel charmant et gracieux accueil nous recevons de Mme Gœtschy ! Les attentions délicates dont nous sommes entourés, l'affabilité et la simplicité des manières nous font retrouver notre maison de France et oublier que nous sommes à 2,000 kilomètres de chez nous.

Le café est servi au jardin, à l'ombre d'un immense citronnier en fleurs. Un orage nous y surprend, très court.

Bientôt, accompagnés du commandant et de Mme Gœtschy, nous pouvons visiter en détails la petite oasis de 6 kilomètres. Quel contraste entre l'aridité d'hier et la végétation exubérante d'aujourd'hui ! Ce qu'écrivait autrefois, de Capsa, Pline le naturaliste, est toujours vrai. Sous le palmier croît l'olivier ; sous l'olivier, le figuier ; sous le figuier, l'orge, la fève et tous nos légumes d'Europe.

Nous sommes au moment de la fécondation des palmiers très nombreux. C'est chose curieuse de voir au sommet de l'arbre, dans le plumeau de ce gigantesque balai de 25 à 30 mètres, les régimes femelles soigneusement liés pour retenir la poussière fécondante qu'on est allé leur porter.

*

Marchant toujours sous la conduite de nos guides obligeants, nous débordons de l'oasis et retrouvons le sable fin du désert qui s'étend très loin. Puis la verdure intense revient avec l'eau, l'eau vivifiante, qui court en mille petits canaux, au débit soigneusement réglé. Nous nous arrêtons devant les très anciennes piscines, où s'étale une eau tiède, limpide, peuplée de légions de petits poissons peu farouches. Elles sont trop à découvert aujourd'hui dans leur enceinte d'énormes blocs qui se dégradent ; quelques travaux de restauration et d'amélioration seraient certainement bien accueillis par nos compatriotes de Gafsa.

Le soir approche comme nous rentrons par le camp des disciplinaires et son jardin luxuriant, avec ses pois déjà cueillis, ses fèves mûres, ses abricots et ses amandes bientôt mangeables.

Six heures sonnent, un coup de canon tiré de la Casbah annonce que le Rahmadan commence. Toute la nuit ce sera bombance chez les Musulmans, le jour amènera le jeûne et les privations rigoureuses. De bonne heure nous prenons congé de Monsieur et de Madame Gœtschy, le cœur plein de reconnaissance pour leur si accueillante hospitalité.

XVI

Mercredi 30 Mars. — Les orages successifs ont rafraîchi la température. De gros nuages peu inquiétants balayent le bleu du ciel. Au sortir de de Gafsa, à droite, une grande montagne calcaire montre ses assises jaunes tourmentées. A notre premier passage elle était restée inaperçue dans la nuit. Elle ne manque pas de caractère à cette heure matinale. Elle contraste avec le ciel, qui se colore faiblement du côté de l'est, en détachant vigoureusement les silhouettes élancées des palmiers géants. Nous retrouvons le passage qui nous a si tristement impressionnés il y a deux jours : la monotonie est la même, mais le ciel est plus clair. De loin en loin nous rencontrons des troupeaux gardés par des Arabes silencieux, jeûnant depuis le matin ; ils nous saluent d'une sorte de formule religieuse. A Sidi-Aïch, nous nous arrêtons pour déjeûner, puis nous marchons dans les *oueds*, franchissons le col : le trajet est inversement le même qu'avant hier ; le coucher du soleil nous surprend en route, et depuis une heure au moins nous marchons aux étoiles, quand nous atteignons la maison hospitalière du lieutenant Bouin.

XVII

Jeudi 31 Mars. — Nous nous sommes levés tard, l'étape est courte. A neuf heures, nous quittons Feriana après avoir énergiquement serré la main de nos amis. Le vent est très violent et pénible. La route, rocailleuse au début, se perd ensuite pendant deux kilomètres dans le sable et les pierres d'un *oued* aux berges escarpées et taillées dans d'immenses rochers. Couverts d'un gazon menu, couronnés de petits pins parasols, ils ne manquent pas de ce pittoresque que nous avons rarement trouvé jusqu'ici. Aux collines calcaires succède un vaste plateau battu par les vents, couvert de champs d'orge très maigres et jaunis. Des ruines romaines importantes passent, et à côté nous voyons poindre le toit rouge du bordj douanier de Bir-oum-Ali. Il est une heure, c'est le point où nous nous arrêterons pour la nuit. Un grand jeune homme blond, pâle et maigre, vient nous recevoir, la chechia à la main. Il se nomme. C'est un Bressan, un ancien élève brillant du Lycée de Bourg, qui se trouve, par je ne sais quel concours de circonstances, receveur des douanes tunisiennes, dans ce coin désert et reculé. Il est seul, avec un brigadier marseillais et quelques préposés indigènes. Pour voisins, il a les habitants d'un douar campé sous le bordj même. Garnier met à notre disposition le corps de garde, grande pièce carrée avec une cheminée où pétille un feu de bois de pins. Par ce vent froid qui nous a cinglés depuis le matin, la flamme claire est la très bienvenue. Nous expédions d'abord le déjeûner, puis nous préparons tôt le dîner du soir. Chacun s'y met. Debry et Convert sortent avec des fusils. Ils rentrent bredouilles. Je vais récolter des légumes sauvages qui croissent en abondance dans les environs. Les voyageuses ouvrent une boite de lait concentré et s'installent à la cuisine. A sept heures, nous nous trouvons en face d'un excellent menu digne d'être noté : Consommé aux fèves fraiches. — Epaule farcie. — Cardons sauvages au jus. — Salade d'artichauts sauvages. — Crème au chocolat. Et brochant sur le tout un kouss-kouss fourni par le douar voisin, mais si mauvais que le capitaine interpelle les Arabes et leur déclare que la femme qui l'a préparé mérite d'être fouettée. Je crois bien que nos gaillards, secoués de la somnolence du jeûne, ont mis la menace à exécution.

Notre salle à manger se transforme en chambre à coucher : deux petits lits de camp, venus avec nous de Feriana, sont dressés pour Madame Convert et ma femme. Des matelas de même provenance sont jetés à terre pour nous autres, et, bientôt, malgré la couverture de cheval dont les vertus préservatrices sont hautement affirmées par Cuinet, nous commençons à sentir les déploiements de ces insectes sautillants qui nous sont maintenant familiers.

XVIII

Vendredi 1ᵉʳ avril. — Le vent a cessé, le ciel est beau au départ. Nous quittons les pistes sablonneuses pour des chemins mieux marqués ; les arbres sont moins rares, les genêts à grandes fleurs jaunes apparaissent, les pins parasols se multiplient accrochés aux flancs des montagnes calcaires que nous traversons. L'eau nous accompagne dans les gorges pittoresques avec leurs blocs de rochers enchevêtrés. Nous nous installons pour déjeûner dans un petit coin très frais, qui rappelle les défilés des causses de l'Aveyron. Nous n'aurons plus de repas en plein air ; nous sommes sur le territoire Algérien, à deux heures de Tebessa, notre dernière étape de voiture. Nous faisons sauter le bouchon d'une bouteille de champagne qui nous a accompagnés dans tout notre voyage et nous buvons à notre heureux retour, enchantés de tout ce que nous avons vu, contents de tout, même de nos misères dont nous rions, et reconnaissants à l'aimable capitaine Cuinet de l'intéressante équipée qu'il a organisée et conduite.

Il est trois heures et demie quand nous nous arrêtons à Tébessa, devant l'hôtel, d'un confortable très médiocre mais suffisant. Nous avons le temps de visiter les ruines romaines et byzantines qui sont l'objet de beaucoup de sollicitude de la part de notre administration des Beaux-Arts. La basilique, une des plus vieilles du monde, ne manque pas d'intérêt. Très grande, elle contenait dans son enceinte, des haras, des marchés, un couvent, des églises, peut-être même des casernes. Malgré d'importants travaux de restauration, elle parait plus ruinée que le monument de Sbeïtla. L'arc de triomphe très beau, la maison carrée : temple de Diane suivant les uns, Panthéon d'après l'érudit curé de Tébessa, méritent qu'on s'arrête auprès d'eux. A l'église catholique, dont le curé très obligeant nous a fait les honneurs, il y a de curieux débris chrétiens, qu'on a fait servir avec intelligence et goût à l'ornementation de la pauvre chapelle. J'ai gardé surtout le souvenir d'une petite mosaïque en émaux translucides, n'ayant pas plus de vingt centimètres de côté ; son centre est orné d'un gros cabochon bleu ; elle représente un plan ou une vue cavalière. Au point de vue historique et artistique, elle a une valeur très grande, le curé lui prête une importance énorme au point de vue religieux ; j'avoue mon ignorance à cet égard.

A la caserne des chasseurs d'Afrique, une mosaïque très belle a été exhumée. Grâce à l'obligeance des officiers, nous pouvons la regarder de très près. Elle servait d'ornement à des thermes. Le sujet principal représente les trois parties du monde connues au commencement de notre ère. Les couleurs sont vives et fraiches, le dessin n'est pas toujours irréprochable. A côté, une série de petits tableaux numérotés — un jeu évidemment — représentent des animaux depuis l'éléphant jusqu'au mouton et à la gazelle. Les types sont très réussis et l'exécution artistique est excellente.

La pluie nous oblige à regagner l'hôtel par des rues encombrées d'Arabes, guettant la grosse horloge de la porte des casernes, et prêtant l'oreille au coup de canon qui marquera la fin quotidienne du jeûne. Ils sont intéressants à voir, ces fidèles, avec leurs cigarettes à la main ou d'énormes beignets qu'ils vont dévorer au premier tintement de six heures.

Nous renvoyons nos chevaux, nos cochers, nos spahis. Nous rentrons dans la vie civilisée.

XIX

Samedi 2 Avril. — Le train part de très bonne heure, avant cinq heures du matin. Une pluie torrentielle nous accompagne, et, pendant longtemps, le brouillard intense nous empêche de voir le pays que nous traversons. Vers huit heures, une éclaircie qui se continue, nous montre un pays accidenté et verdoyant. Des prairies arrosées, des forêts de chênes-lièges, des champs, des vignes : on se croirait dans les montagnes vertes du plateau central. Le train monte lentement avec des sinuosités sans fin. A onze heures, nous sommes à Souk-Ahras où le déjeûner nous attend. Nous le prolongeons, c'est notre dernier repas en commun.

Nos amis Convert, Debry, Cuinet vont dans la direction de Tunis, par la vallée fertile et verte de l'oued Medjerda ; nous nous dirigeons sur Philippeville.

Nos adieux sont émus au souvenir de ces journées passées dans une si cordiale intimité, et, ni les uns, ni les autres, nous n'oublierons les bons moments partagés, les mauvais si vaillamment supportés par nos deux compagnes.

A minuit, ma femme et moi, descendions à Constantine, à l'excellent hôtel du Louvre.

XX

Dimanche 3 Avril. — La ville de Constantine sur son plateau de rochers est surtout curieuse du dehors. Avec le Rummel profond et sauvage pour ceinture, elle a un aspect étrange. Des bords intérieurs du plateau, la vue, d'un côté, se perd dans les pierres du torrent ; de l'autre, elle peut errer sur des terrains verdoyants et boisés. Au-dedans, avec les Européens que l'on coudoie, nos officiers et nos soldats, Constantine est un véritable chef-lieu de département français. La ville arabe, aux rues étroites et sales, où nous rencontrons un enterrement musulman qu'accompagnent des hommes en psalmodiant, nous rappelle encore que nous sommes en Afrique. Mais c'est une Afrique revue et corrigée par un contact déjà ancien. Ce n'est plus Kairouan, Sousse, Gafsa, et Tunis même dans leur apparition nouvelle et leur transformation à peine ébauchée.

Le soir, à Philippeville, nous montions à bord de la *Ville-de-Saint-Nazaire*. Les feux des rues et du port disparaissent lentement. Le ciel étoilé est superbe, la mer très calme. Le paquebot nous emporte doucement vers la terre de France.

.˙.

Voilà le récit de notre course de vingt jours à travers des coins peu courus de la Tunisie. On le trouvera trop subjectif ; je n'y contredirai pas. J'ai simplement essayé de fixer ce que j'ai vu et comme je l'ai vu. Il manque des renseignements sur l'état de notre protectorat ; les statistiques font défaut, aussi bien que les exposés et les dissertations sur l'avenir de ce pays, que nous tenons tout entier. C'est vrai. Si l'on veut combler cette lacune, que l'on prenne le *Journal officiel de la République Française* du 30 avril 1892. On y verra, sous la signature de notre ministre des affaires étrangères, un rapport très complet, très explicite, sur la marche et l'historique des différents services. Les amateurs de chiffres seront satisfaits et les plus difficiles trouveront de larges données qui leur permettront de juger, pièces en mains, des progrès réalisés.

Je me bornerai à attester les merveilleux résultats obtenus par le protectorat. Mieux qu'une annexion et que le gouvernement direct, ce souple instrument, manié par l'habileté de nos représentants, peut préparer les réformes, en assurer le triomphe et asseoir notre influence sur des bases solides et profondes.

1ᵉʳ mai 1892.

Bourg, imprimerie du *Courrier de l'Ain*.

www.ingramcontent.com/pod-product-compliance
Lightning Source LLC
LaVergne TN
LVHW050620090426
835512LV00008B/1572